ENJOYING
MULTICULTURAL PICTURE BOOKS

# 多文化絵本を楽しむ

福岡貞子/伊丹弥生/伊東正子/池川正也
[編著]

ミネルヴァ書房

# はじめに

この本の題名を最初、『異文化理解のための絵本ガイド』と考えていました。「異文化」と「多文化」の違いは、前者は自文化（自分&自国）に対する他の文化のことを指しますが、後者は多様な文化、つまりさまざまな文化のことを意味します。「異文化理解の絵本」と言うと、「それは外国の絵本のことですか?」と質問されることがあります。異文化とは、自分の文化に比べて国籍、民族、言葉、宗教、風習などが異なる文化のことはもちろんですが、同じ国の中でも異文化が存在することがあります。つまり、日常生活で話される言葉や人の行動、事物のとらえ方・価値観には、それぞれの国や地域などの文化圏の違いがみられます。また、「異文化理解」とは、何を自文化、何を異文化と認めているのかという疑問も出てきます。

現代では、国際的にも「自文化中心」の主張が烈しくなされる傾向が見られます。しかし、国境や地域を越えて人や物、情報が飛び交う時代にあっては、国や民族、地域の「固有な文化」と考えられていることも変容せざるを得なくなるのです。あまり、「自文化」を主張すると周りから排他的と思われたり、批判を受けたりすることもあります。

このような状況を踏まえて、当初考えていた『異文化理解のための絵本ガイド』という書名を『多文化絵本を楽しむ』という誰にもわかりやすい題名に変更しました。

次に、外国人との出会いのことについて考えてみたいと思います。日本は島国であり、外国人の入国するルートは限られています。また、国策として外国からの移民を積極的に受け入れていないため、私達の日常生活の中で外国人と触れ合うことは、他の国に比してそう多くはありません。しかし日本に住む外国籍の人びとの数は、この二〇年間に倍増しており、地域によっては、町の人口の四分の一が外国籍の人、クラスの三分の一が外国籍の子どもという保育所や小学校もあります。最近は街で外国人に出会うことも多くなり、自然に耳に入ってくる言葉を聞いて「この人達は、〇〇国の人なんだ」とわかることもあります。また、海外旅行や仕事で外国へ出かける人も、日本を訪れる外国人も多くなりました。インターネットが普及し、世界中の出来事

を瞬時にメディアで知ることができる時代になりました。

そこで私達は、グローバル化が進み、ますます多文化（multiculture）が混在していくであろう二一世紀に生きる子ども達とその子どもに関わる大人に異文化・多文化を理解し、絵本の世界を通して多文化を楽しんで欲しいと願い、このガイドブックを薦めたいと思います。

本書の構成は四章からなり、第1章はカラー刷りの「テーマ別グラビア」で二四のテーマ別に各六冊の絵本を選び紹介をしています。「多文化絵本とはどんなものなのか？」へのヒントになるような内容を選び本書の特色としています。テーマは、次の通りです。

⑴地球・世界をひとまわり！、⑵世界をめぐると発見がいっぱい、⑶世界にはすてきな街やゆかいな家があるんだよ、⑷まるごと文化を伝える装い、⑸図書館のものがたり、⑹ものがたり探しを楽しむ、文字のない絵本、⑺色の不思議を楽しむ絵本、⑻日本人が作った外国の民話絵本、⑼花や木を植えて、緑の美しい暮らしを願う絵本、⑽「せかいちずえほん」は、大層面白くてのめり込む、⑾となりの国、韓国の絵本、⑿熱帯地域の多民族の文化に出会う民話絵本、⒀アフリカの大地と民族の活力を描いた絵本、⒁昔話や文化を伝える西ヨーロッパの絵本、⒂ヨーロッパは芸術・文化を世界に広げた人達の生まれたところ、⒃きびしい自然と共に暮らす北欧やシベリアの人々、⒄北極圏のイヌイットやネイティブアメリカンの暮らし、⒅アメリカは多民族文化の国、⒆オーラ！　ブエノスディアス　南アメリカ、⒇日本の行事と子どもの祭り、㉑ちょっと前の暮らしは、とても大切なことを教えてくれる、㉒戦争について知り、平和を考える絵本（日本）、㉓戦争のない平和な暮らしを願う絵本（世界）、㉔いのちってなあに？　つながる命のおはなし。

グラビアのテーマとその選書は、私達が「多文化をどのようにとらえているか」を理解してもらう拠りどころとなるので、編集作業の中で苦労した部分です。表題にぴったりの絵本が見つかった時は達成感が得られる

のですが、時には何カ月もの間、選書がストップすることもありました。また、国別の絵本選びでは、たくさんの絵本があるため六冊の選書に悩み、残念ながら紹介することができない本もありました。そのため、日本語翻訳絵本がたくさん出版されている韓国やアメリカ合衆国などは、別途項目を設けて六冊を紹介しています。

第2章は、「多文化絵本と子どもの育ち」というテーマです。第1節では絵本の研究者である佐々木宏子氏に「多文化絵本」をどのようにとらえればよいかのご指導をお願いしました。佐々木氏は、文化の変遷を時間軸で並べて近代化や都市化を「発展したもの」とそうでない国や地域を「発展途上」と位置づけることに警鐘をならしています。また、「文化とは、目に見える違いを比較することだけではなく、目には見えないが言葉により共通認識できる新しい人間的な世界を掘り起こし、人間関係の面白さを充実させることではないか」と述べています。「多文化絵本」についての私達の認識を新たにし、視点を転換する指針となってくれることでしょう。

第2、3節の「多文化の中の子育て」では、子育て体験者を英語圏ではない地域から選び、多様な文化の中での子育てを紹介しています。

第4節の正置友子氏は子育てを終えてから、六年間のイギリス留学で「英国ヴィクトリア時代の絵本」について研究をされました。その英文論文 "A History of Victorian Popular Picture Books: the aesthetic, creative, and technological aspects of the Toy Book through the publications of the firm of Routledge 1852-1893" は、風間書房（二〇〇六年）から出版されており、本書の第2章(4)ではその貴重な内容の概要に触れたいと思います。

第3章は、保育所・幼稚園における「多文化絵本」の実践です。私達の絵本研究会で実施したアンケートの報告とメンバーの実践を中心にまとめています。調査結果では、保育所・幼稚園の保育者のほとんどが「異文化・多文化絵本」に対して関心が低いことがわかり、そのことが本書の出版のきっかけにもなりました。内容は「異文化・多文化絵本」の実践と事例です。中でも「せかいちずえほん」の実践は、私達の予想以上に面白く、子どもが「せかいちずえほん」の虜になり、いろいろな発見をしていく姿から、多くの感動と学びがありました。

第4章は、文庫、ストーリーテリング（素ばなし）の実践です。子どもへの語りの文化は古くからの日本の伝承文化の一つです。絵本に関わる研究をする中で、「何とすごい人達だろう！」と感嘆するのは、絵本やおはなしが大好きで、長くボランティアとして活動している文庫、ストーリーテラーの皆さんです。

子どもと一緒に絵本やおはなしを楽しみたいという一途な思い、常に研鑽を積み重ね向上しようとするプロ意識の確かさ、その努力の賜物である語りの技術など感心することばかりです。絵本に関わる出版を機会に、その素晴らしい活動をぜひ紹介したいと考えました。原稿執筆者は、何十年も活動している方々ばかりで、それぞれの内容には時代の変化や子どもの姿に即した新しい試みとオリジナリティが見られます。

末尾に本書で紹介している「絵本の索引」を付しています。

「文化の多様性を守るということは、個人を守ることにつながり、それはまたさまざまな形での、経済的な、政治的な文化的な全体化・画一化の中で、個人が埋没してしまうことに対して、危惧の念を深く抱き、そうした傾向をどこかで止めなくてはならない。――中略―― 人間と社会の個性の喪失、創造性の抑制、個人の埋没を防がなくてはなりません」と青木保氏が『多文化世界』（青木保、岩波新書、二〇〇三年）の序章に書いています。

レイチェル・カーソンが、農薬による自然破壊に警鐘をならし『沈黙の春』を出版したのは、一九六二年で半世紀以上も前のことです。カーソンが「子どもたちの世界は、いつも生き生きとして新鮮で美しく、驚きと感激でみちあふれています。残念なことに、わたしたちの多くは大人になるまえに澄み切った洞察力や、美しいもの、畏敬すべきものへの直感力をにぶらせ、あるときはまったく失ってしまいます。」と『センス・オブ・ワンダー』に書いたのは一九五六年です。私達は、子ども達に「センス・オブ・ワンダー＝神秘さや不思議さに目を見はる感性」を失わずに持ち続けて欲しいと願わずにはおれません。

また、デジタル時代の今こそ、感受性を大切に、絵本の文化で「心の力」を強めようと訴えるのは、現・三鷹市長の清原慶子氏です。彼女は、毎日新聞の「これが言いたい」（二〇一一年九月二九日付朝刊）に「――前略――、今やネットの普及により、国際的な範囲で多様な情報が映像や音声を含めて享受できる。しかし、情

報を大量に得たからと言って、私たちは情報の真偽や重要性や要否を容易に判断できるわけではない。デジタル時代の今こそ、絵本を読むことが基本的な文字の読み書き能力や文字の読解力を向上させ、広義の情報活用能力を醸成し、人の感性や感受性を育むと確信する。――後略――」と書いています。そして、清原氏が二〇〇九年に開設した「三鷹市星と森と絵本の家」の実践を、第4章に紹介しています。

私達自身が多くの「多文化絵本」に親しみ、多文化に子どもが出会う機会をつくる努力をして、一緒に絵本を楽しむことが、次世代の子ども達の生きる力をはぐくみ、絵本やおはなしを楽しむ文化を大人から子どもへと語り継ぐことを可能にするのではないでしょうか。

絵本は、年齢を問わずに誰でも楽しむことのできるメディアです。絵本の読み聞かせで出会う子ども達は、みんな絵本に熱い思いを寄せ、読み手を信頼して、ひたむきに絵本の世界を楽しもうとしています。そして、私達もこの素晴らしき世界にひたる喜びを子どもと共有したいと思います。

二〇一二年一〇月

編者
福岡貞子
伊丹弥生
伊東正子
池川正也

もくじ

# 第 1 章
# 多文化絵本の紹介と解説

145冊の美しいカラー表紙

ちきゅう

地球と宇宙のしくみを描いた絵本。地球は少し傾いていて、太陽の周りをまわっています。昼、夕方、夜、月ごと、季節ごと変化して一年になり、私達はみんな成長していきます。

G・ブライアン・カラス／庄司太一(訳)／偕成社／2007

せかいのひとびと

表紙にいろいろな国の人々がいます。肌の色、目の色、鼻の形、髪形、服装、家、食べ物、宗教、文字、祭りなど。ぜんぶ同じだったらとても退屈。みんながそれぞれ違っているから素敵です。

ピーター・スピアー／松川真弓(訳)／評論社／1982

えほん　北緯36度線

北緯36度線。東京から始まって、鳥の翼に乗って地球をぐるりと回ります。みんなで夕食をとる家族、西へ旅をする家族，難民キャンプ、人々の声が聞こえてきそうな市場、大きな港。それぞれの国の事情は違っても人々は生活をしているのです。

小林豊／ポプラ社／1999

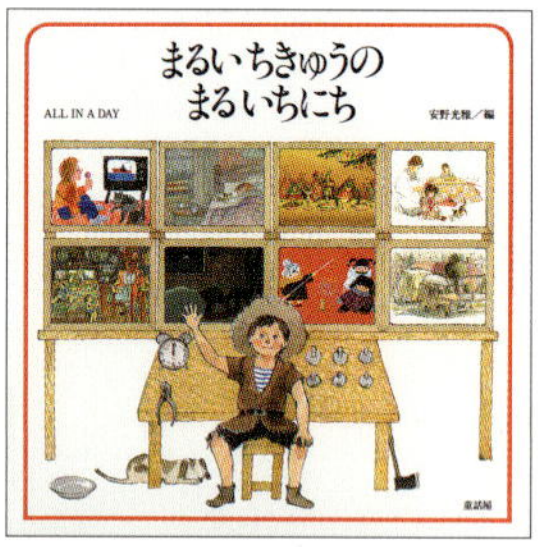


まるいちきゅうのまるいちにち

大晦日のアメリカの夕方６時はイギリスの１月１日０時。日本は元旦の午前９時です。８カ国の大晦日から元旦にかけての様子をその国の作家が描いています。

安野光雅(編)／童話屋／1986

ちきゅうはみんなのいえ

大切な水は地球に住んでいるみんなのもの。豊かな水をはこぶ雨も、輝く太陽も、土も空気も空も、夜も月も地球のみんなのものなのです。

リンダ・グレイザー(文)／エリサ・クレヴェン(絵)／加島葵(訳)／くもん出版／2005

笑顔大好き　地球の子

走る子ども、手伝いをする子ども、勉強をする子ども、遊ぶ子ども、子ども達の笑顔は見ている私達に安らぎを与え、優しい気持ちにしてくれます。

田沼武能(写真・文)／新日本出版社／2010

## 地球や世界をめぐると ワクワクする発見がある

ぼくたちは大きな地球に乗って宇宙を旅しているんだと、地球について説明するのは『**ちきゅう**』。

『**まるいちきゅうのまるいちにち**』は一月一日、ロンドンの〇時に合わせて始まります。同じ時間でも国によって時差があり、生活の時間は異なります。イギリスの子どもはベッドの中、アメリカのシカゴは大晦日の夕方六時、ブラジルは夜の九時、日本は元旦の朝九時です。新年の迎え方、過ごし方は国の習慣により違って面白い。

『**ちきゅうはみんなのいえ**』は、水の中で遊ぶのは楽しい。雨が降ると大きな木や種が目を覚まし、太陽は暖かく、風はいろいろなものを遠くに運びます。自然は私達に喜びを与え、大切な地球はみんなの家だと繰り返して言っています。どの頁も子ども達が楽しそうに遊び、ほっとした幸せな気分になれる絵本です。

地球上にはたくさんの国があり、いろいろな民族が暮らしていて、みんな違います。それぞれが違うことがいいのです。

世界のあいさつ

おでこに手を当てたり、舌をペロリと出したり、鼻の頭をこすり合わせたり、お互いの首の匂いをかいだり、国によって挨拶もいろいろです。笑うのが挨拶なんて、読んでいて楽しい気持ちになります。

長新太(作)／野村雅一(監修)／福音館書店／1989

せかいのこどもたちのはなし
はがぬけたらどうするの？

世界64の地域から乳歯が抜けた時の風習などを紹介した絵本です。どの国も生え変わる歯が丈夫になるよう願いが込められています。

セルビー・ビーラー(文)／ブライアン・カラス(絵)／こだまともこ(訳)／フレーベル館／1999

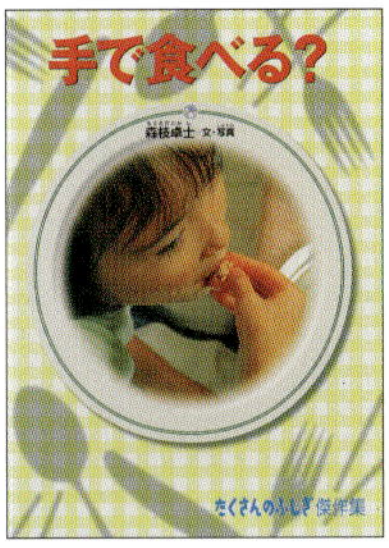


手で食べる？

手で食べるって行儀が悪そうですが、おにぎりなどは手で食べます。大皿に盛った料理をみんなで食べる中国やベトナムは箸が長く、韓国では箸はおかずを取る時に使います。食べ方や道具にはその国の文化がつまっています。

森枝卓志(写真・文)／福音館書店／1998

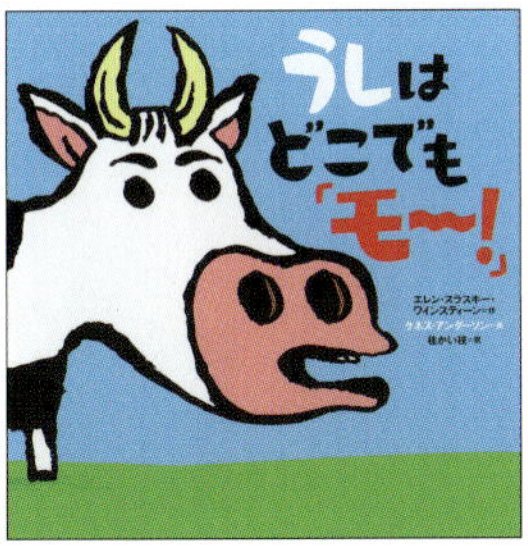


うしはどこでも「モ〜！」

みなさん知っていましたか？　犬はイギリスでは「バウワウ」、フランスでは「ワウワウ」と吠えます。蛙やアヒルも国により鳴き方が違うのに、ウシはどの国でも「モ〜」です。

エレン・スラスキー・ワインスティーン(作)／ケネス・アンダーソン(絵)／桂かい枝(訳)／鈴木出版／2008

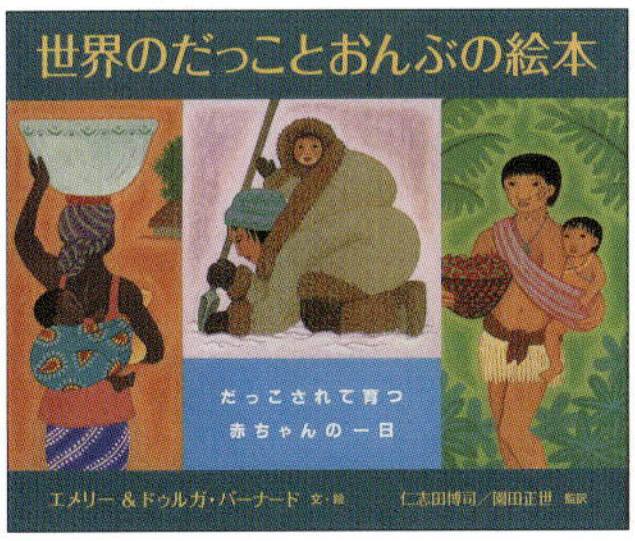


世界のだっことおんぶの絵本

生まれたての赤ちゃんロシャはお母さんの胸に布で巻きつけられ、ボンヨはおじいさんのスリングの中、ゴゴモは大きな網の中に。子どもは親に守られ安心して生活を共にし、一緒に一日をすごします。

エメリー＆ドゥルガ・バーナード／仁志田博司・園田正世(監訳)／メディカ出版／2006

世界のことばあそびえほん

見開きの世界地図には、英語、フランス語、中国語、ロシア語、スペイン語、スワヒリ語を使っている国が色分けされています。子ども達の身近な言葉を日本語と６カ国の言葉で紹介しています。

戸田やすし(企画・編集)／戸田幸四郎(絵)／戸田デザイン研究室／1990

## 世界の国・民族の習慣は違っていて面白い

日本の挨拶は「こんにちは」とお辞儀をするスタイルですが、国により挨拶はいろいろです。世界中の挨拶の意味や仕方がわかる『**世界のあいさつ**』。

小学校入学の頃から歯の生え変わりが始まります。抜けた歯について書かれた『**せかいのこどもたちのはなし　はがぬけたらどうするの？**』。抜けた乳歯を日本では下の歯は屋根へ、上の歯は縁の下へ投げます。ペンダントにする、水の入ったコップや枕の下に入れておく、ネズミの穴に投げるなど国や地域によって似ていたり、全く違っていたりして驚きます。

どこの国でも動物は同じように鳴いているはずですが、吠えたり、鳴いたりする声の聞こえ方が違う『**うしはどこでも「モ〜！」**』。

食事の道具や食べ方、子どもを抱いたり、おんぶをするための道具にも民族の習慣やお国柄が出ています。世界は広くて、習慣もしきたりもいろいろあり、どの絵本も多文化を知る一冊になります。

マドレーヌとローマのねこたち

寒いパリから列車に乗って春のローマへ行きます。マドレーヌは泥棒を追いかけてローマの有名な建物の前や広場を駆け抜けて行くうちに、まいごになりました。線画タッチの絵がユーモラスで楽しい。

Ｊ・Ｂ・マルシアーノ／江國香織(訳)／ＢＬ出版／2009

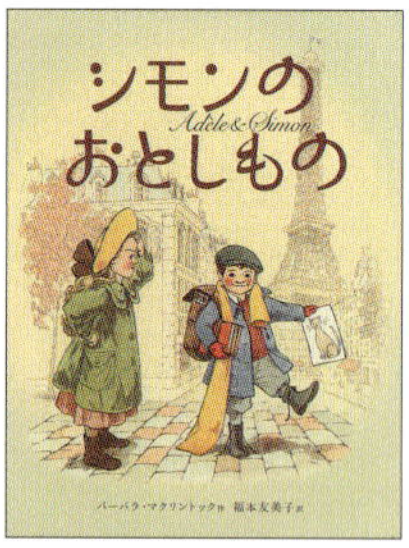


シモンのおとしもの

パリの街でシモンの落とし物を探す「絵さがし絵本」。細かい描写のパリの街のようすが面白くて、じっと見いってしまいます。シモンの落とし物を心配する子どもの気持ちになり、みんなが探してくれるのが嬉しい。

バーバラ・マクリントック／福本友美子(訳)／あすなろ書房／2007

旅の絵本Ⅳ

アメリカの開拓時代の美しい風景や町づくりのようすを描いた文字のない旅の絵本です。樹木や草、丸太の家、動物、人びとの生活を精妙に描き込む安野光雅ワールードを満喫できます。文字なし絵本は見る度に新しい発見があり楽しい。

安野光雅／福音館書店／1983

パリのおつきさま

素敵なパリの街の写真に詩のような文章が添えられた香り高い異色の絵本。人物をアップにしたり後ろ姿にしたり、写真技術を駆使してパリを描きます。夜空の三日月が美しい。

シャーロット・ゾロトウ(文)／タナ・ホーバン(写真)／みらいなな(訳)／童話屋／1993

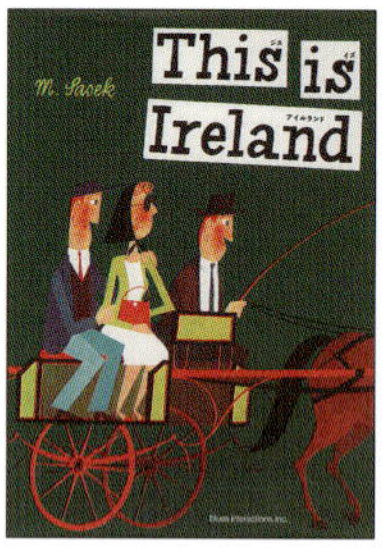


ジス・イズ・アイルランド

アイルランドを紹介した本。美しい緑あふれる国のシンボルはハーブ、妖精、三つ葉のマーク。ダブリンは９世紀にバイキングが築いた町。幼児・小学生、大人にも面白い絵本です。

ミロスラフ・サセック／松浦弥太郎(訳)／ブルース・インターアクション／2005

世界あちこちゆかいな家めぐり

中国の土婁、チュニジアの地下に穴を掘る家、モンゴルの組み立て式パオ、インドネシアの竹と草で作る家。家はその土地にある材料で作り、風土・伝統・歴史などを伝えます。子どもが大好きな本。

小松義夫(写真・文)／西山晶(絵)／福音館書店／1997

## 行ってみたいね！
## 世界のいろいろな街へ

人気絵本の『**マドレーヌとローマのねこたち**』は、ローマの有名な一五の場所を紹介しています。シリーズの『マドレーヌのメルシーブック』、『マドレーヌのどうぶつたち』も愉快な本です。

まるで精密画のように細かく丁寧に描かれている『**シモンのおとしもの**』。シモンが落とし物を見つけたあとも、バザールの品物、広場の愉快な曲芸師、部屋の壁紙やベッドカバーの模様などが気になり場面に見入ります。

『**ジス・イズ・アイルランド**』は、アイルランド共和国を紹介する簡潔な文章によくわかる絵が添えられていて、大人も十分楽しめる絵本。同じシリーズに「ロンドン」「パリ」「ニューヨーク」「サンフランシスコ」「ヴェニス」があります。

詩のような美しい言葉で綴られている写真絵本の『**パリのおつきさま**』。「セーヌ川は、おひさまのひかりに染まって、金色に輝いています」。読み聞かせのあと、子どもはこの本のフレーズを覚えて絵本を見ながら、歌うように口ずさみとても楽しそうです。

国際理解に役立つ民族衣装絵事典

世界の国々、地域の衣服や帽子、靴や装飾品をアジア、ロシア、ヨーロッパ、アフリカ、アメリカと巡り紹介します。

高橋晴子(監修)／ＭＣＤプロジェクト(編集)／国立民族学博物館(協力)／ＰＨＰ研究所／2006

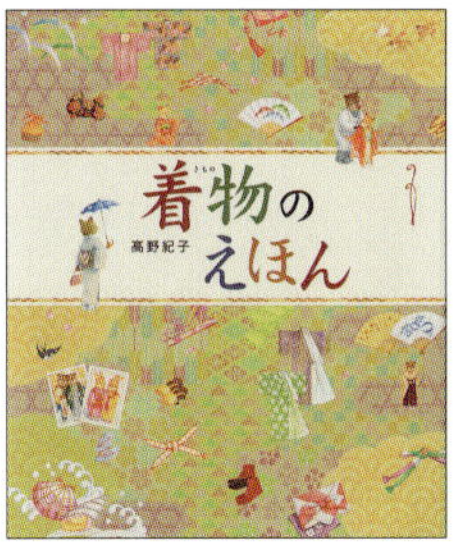


着物のえほん

日本の正装、着物を着るのはどんな時でしょう。結婚式、七五三、お正月、夏祭りなど。着物の着方、色、文様に加え、着物を着た時の注意点や小物の楽しみ方まで、親しみやすいイラストで描かれています。

高野紀子／あすなろ書房／2009

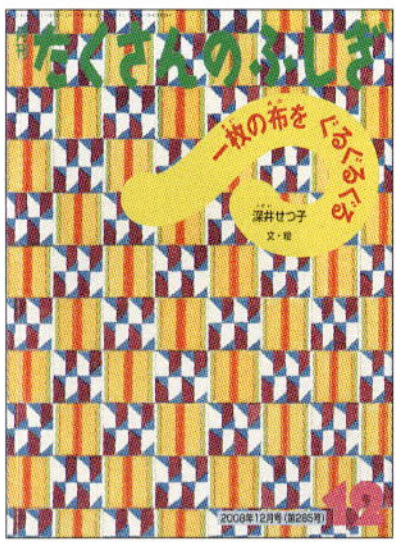


一枚の布をぐるぐるぐる（『たくさんのふしぎ』2008年12月号）

長方形の布、大きい正方形の布。頭に巻いたり、かぶったり、腰に巻いたり、肩にかけたり。はち巻き、帽子、スカート、ズボン、スリングなど、一枚の布は自由自在に形を変えて生活の中に溶け込んでいます。

深井せつ子(文・絵)／福音館書店／2008／現在、品切

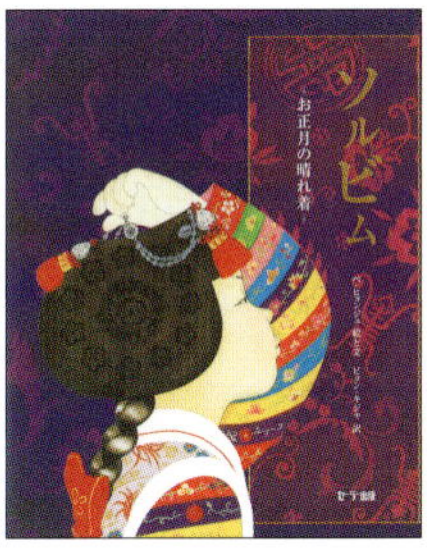


ソルビム——お正月の晴れ着

韓国の民族衣装をソルビムといいます。女の子が下着から上着まで一つひとつ着ていきます。男の子編と合わせると晴れ着の特徴や由来がよくわかります。

ペ・ヒョンジュ／ピョン・キジャ(訳)／セーラー出版／2007

ズボンとスカート

スコットランドでは巻きスカートを男性が、イタリアのサルデニア島ではズボンを２枚重ねてはきます。布を巻いてスカートやズボンにしたものなど、服装はそれぞれの地域の気候や暮らしに応じて変化し、工夫された独自の文化です。

松本敏子(文・写真)／西山晶(絵)／福音館書店／1992／現在、品切

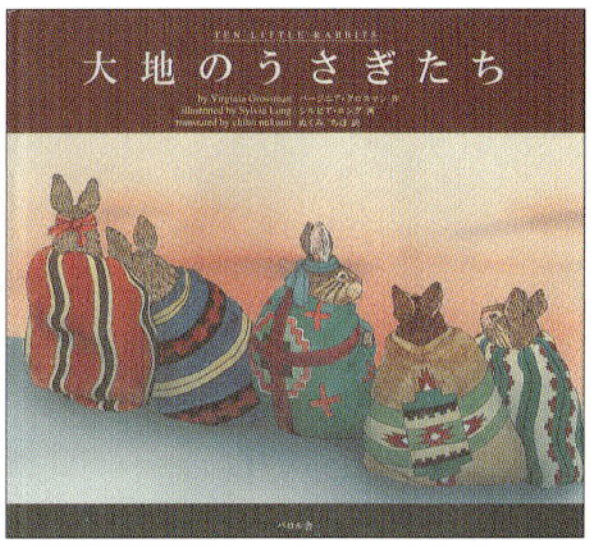


大地のうさぎたち

ウサギがネイティブ・アメリカンの生活を紹介します。雨乞いの踊り、狩りの仕方、夜の語らい、遊び、釣り、祈り。10匹のウサギが体に巻いているラグは、各部族の伝統の絵柄が織り込まれています。

バージニア・グロスマン(文)／シルビア・ロング(画)／ぬくみちほ(訳)／パロル舎／1997

## 民族衣装は生活に密着している

ズボンは男の子、スカートは女の子がはくもの？　世界中を巡ってみれば、巻きスカートをはく男性、ズボンの上に巻きスカートをはく女性、ズボン二枚重ねや大きな布を巻いてズボンやワンピース風にしたりなど、着るものは驚くほど多様です。民族衣装は服だけでなく、帽子や靴、装飾品も含みます。結婚式、葬式、祭り、子どもの誕生を祝う時などにその国独自の正装を着ます。国によっては村や町、地域を衣装で表しています。

日本の着物についてわかりやすく書かれた**『着物のえほん』**。改めて私達の文化を知るのに役立ちます。まず、浴衣から挑戦してみましょう。**『一枚の布をぐるぐるぐる』**は一枚の布が、形を変えます。日本では手拭いをはち巻きにしたり、頭にかぶったりします。グアテマラ、インドネシア、ブータン、タンザニア、暑い国、寒い国、高地でも布を巻きつけてスカートにしています。国が変われば衣装も変わる、反対に国が変わっても似ていることも多く、民族衣装にはその国の気候や伝統文化、生活が濃縮されています。

ママのとしょかん

リジーのママは図書館員。今日はママが働いている図書館に初めて行きました。図書館には本がたくさんあり、みんな楽しそうに働いていました。リジーも図書館の仕事を手伝いました。

　キャリ・ベスト（文）／ニッキ・デイリー（絵）／藤原宏之（訳）／新日本出版社／2011

しずかに！　ここはどうぶつのとしょかんです

カリーナは土曜日の朝に必ず図書館に行きます。ある日動物だけが入れる日を作りたいと思い、キリンやクマ、ゾウやカメも図書館に来る想像をします。水彩画の楽しい絵が素敵です。

　ドン・フリーマン／なかがわちひろ（訳）／ＢＬ出版／2008

としょかんライオン

図書館は決まりを守れば誰でも入れます。ある日ライオンがやって来て決まりをよく守ったので、図書館長のお手伝いをするのですが…。

　ミシェル・ヌードセン（作）／ケビン・ホークス（絵）／福本友美子（訳）／岩崎書店／2007

図書館ラクダがやってくる
――子どもたちに本をとどける世界の活動

図書館は建物と本棚を想像しますが、世界にはゾウ、ラクダ、ウマなどで本を運ぶ図書館があります。本を手にした子どもの笑顔が輝いています。

　マーグリート・ルアーズ／斉藤規（訳）／さえら書房／2010

トマスと図書館のおねえさん

国内を移動し農家の収穫を手伝うメキシコ移民の家族の話。祖父から聞くスペイン語の物語も図書館で読む英語の物語もトマスと家族の楽しみになりました。

　パット・モーラ（作）／ラウル・コローン（絵）／藤原宏之（訳）／さえら書房／2010

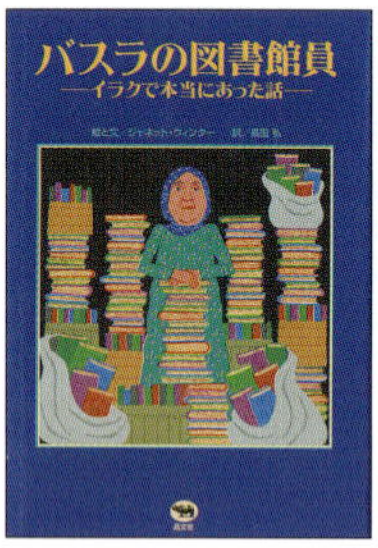


バスラの図書館員
――イラクで本当にあった話

バスラの図書館員のアリアは、爆撃から蔵書を守るために３万冊の本を救い出し、焼失を免れました。このことを伝えたニューヨークタイムズの記事をもとに制作された絵本です。

　ジャネット・ウィンター／長田弘（訳）／晶文社／2006

## 図書館には面白い本がたくさんあり　きまりを守れば誰でも入れます

二〇一〇年は国民読書年で、図書館に関する絵本がたくさん出版されました。絵本の中の図書館を十分満喫できます。

　私達の知る移動図書館は車です。**『図書館ラクダがやってくる』**では、ゾウやラクダ、ウマ、ロバなどが本を運ぶ移動図書館が紹介されていて、いろいろな図書館があることに驚きます。

　**『トマスと図書館のおねえさん』**は、カリフォルニア大学学長の幼少の日の思い出を元にして制作された感動的絵本です。両親が仕事場を移動して働いているために、学校に通うこともできなかったトマスは親切な図書館員との出会いにより、本を読む喜びを知り、進学の道が拓かれるのです。茶色と黄色を主調にした水彩画は幻想的な雰囲気をかもし出している異色の絵本です。

　**『しずかに！　ここはどうぶつのとしょかんです』『としょかんライオン』**の二冊は、子どもが空想の世界に入り込んで楽しむことのできる本です。

(6) ものがたり探しを楽しむ、文字のない絵本／福岡貞子

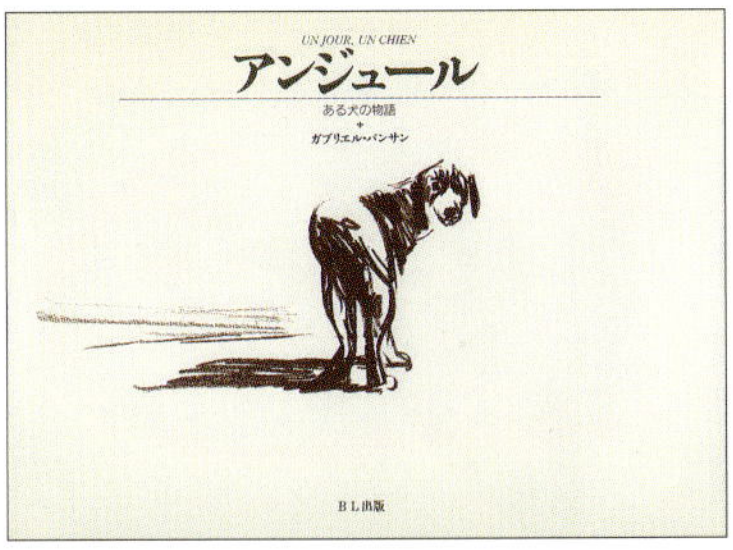


アンジュール　ある犬の物語

「絵本の原点」といわれる感動の絵本。走る車の窓から捨てられたイヌを追って頁をめくると、悲しく吠えるイヌ、浜辺をとぼとぼ歩くイヌのすぐれたデッサンが読む人に訴えかけてきます。

ガブリエル・バンサン／ＢＬ出版／1986

にわとりとたまご

表紙のニワトリの力強い脚に引き寄せられます。羽繕いをするニワトリの首を曲げた厳しい顔、卵を抱くニワトリの小さな羽の模様の美しさ、ヒヨコの育つ様子など、迫力満点の絵本。

イエラ・マリ、エンツォ・マリ／ほるぷ出版／1995／品切重版未定

くも

オニグモは夕方まで昼寝をして幾何学模様の巣をせっせと張ります。チョウを捕まえる様子、木の葉が巣を壊す様子など芸術的タッチの美しいクモの巣の絵に魅了されます。35年のロングセラー絵本。

新宮晋／文化出版局／1979

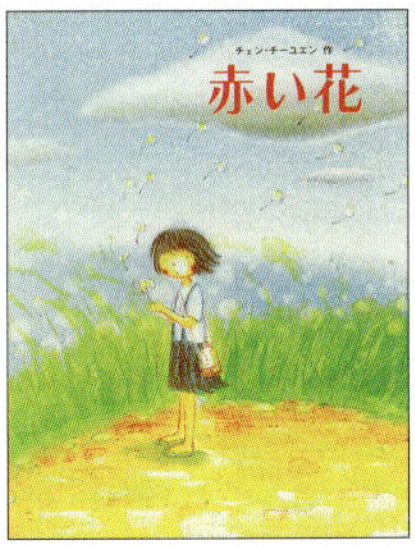


赤い花

絵の具をぼかしたような柔らかな筆使いで描く文字なし絵本。子ども時代を思い出し故郷を目指して旅に出た女性は、タンポポの綿毛を飛ばす風、田んぼの水牛など、少し昔の台湾の自然や暮らしを優しく描きます。初めて紹介された台湾の絵本。

チェン・チーユエン／朔北社／2004

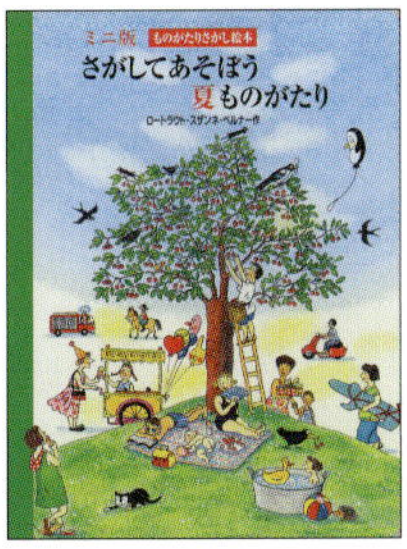


さがしてあそぼう　夏ものがたり

小さな街の春・夏・秋・冬・夜の同じ場面のできごとを描いた読む人が「ものがたりを探す」５連作の文字なし絵本。主人公のスザンネを中心に、いろいろな人の暮らしが見える楽しい絵本です。

ロートラウト・スザンネ・ベルナー／ひくまの出版／2007

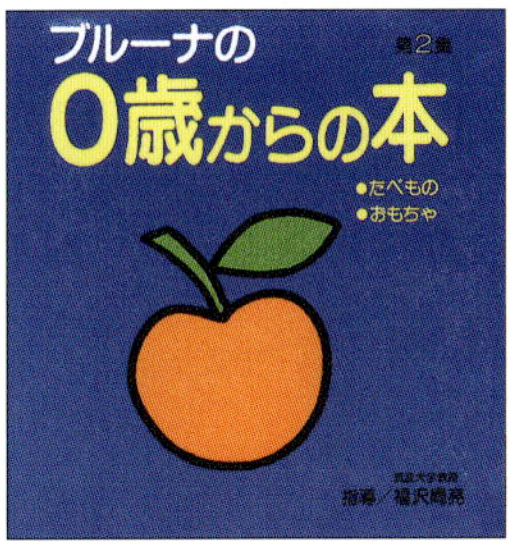


ブルーナの０歳からの本
第２集たべもの・おもちゃ

頁を開くとジャバラの横に広がる楽しい絵本。食物などの絵は3カ月の乳児でもわかり、じっと見ています。第１～４集まであり、ボードブックで丈夫です。

ディック・ブルーナ／トーア出版企画／福沢周亮（指導）／講談社／1984／



## 文字のない絵本は
## 読む人の心の世界を広げていく

絵本は絵を追って頁をめくるだけで、ストーリがわかります。文字のない絵本は、自分の感じた物語の世界を広げて楽しむことができます。

**『アンジュール』**は、誰でも知っている感動の絵本です。頁をめくるごとに捨てられたイヌの気持ちが迫ってきて、胸が熱くなります。

力強いニワトリの脚に目を見張り引き寄せられる**『にわとりとたまご』**。ニワトリが首を曲げて羽繕いをしている顔にインパクトがありドキッとします。イエラ・マリとエンツォ・マリ夫妻の『りんごとチョウ』も文字のない絵本で、リンゴの花にチョウが卵を産みつけ、リンゴが熟する頃に、幼虫が孵化し果皮を破って外に出てくることを推理する幻想的な絵の科学絵本です。

**『くも』**を見るとクモの巣がこんなにも繊細で美しい模様だと気づきます。トレース紙の効果でクモの巣を点描画で幻想的に表現し、裏面の色の違いがまるで裏側から眺めるようにわかります。作者の新宮氏は彫刻家で『いちご』も迫力満点の絵本です。

いろいろへんないろのはじまり

灰色の時といわれた色のない大昔、魔法使いは青色を発明しました。どこもかしこも青、青の一色になり、やがて世界は哀しく憂鬱になってしまい、また違った色を求め始めました。

アーノルド・ローベル／まきたまつこ(訳)／冨山房／1975

フリッチス　ふしぎな色の旅

フリッチスってどんな色？　大胆な色彩と展開に驚きます。ブラジルでベストセラーになり、溢れる色の中から自分探しの果てに見つけた世界で一つの色とは「どんな色？」。

ジラルド／松本乃里子(訳)／桜風舎／2009

WHAT　COLOR？

期待してカードを開くとオレンジ色のミカンの形、その下に隠れているのは「なに？」。突然驚くような形が現れて思わず息をのみます。身の回りの自然界の動物や植物の色と形を改めて認識するカード絵本です。

駒形克己／偕成社／1991

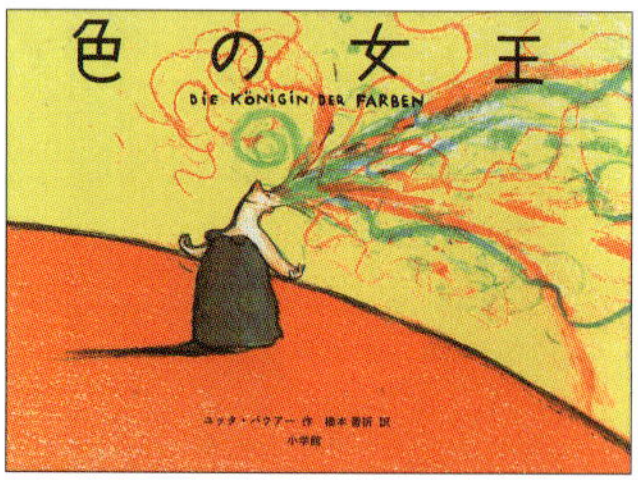


色の女王

色の女王が呼び出した家来は、赤、青、黄色。色たちと楽しく過ごす女王でしたが、色たちは互いにぶつかり合い女王を苦しめるのです。やがて色たちは見事な調和を示し女王を包み込みます。色の持つ個性が興味深い。

ユッタ・バウアー／橋本香折(訳)／小学館／1999

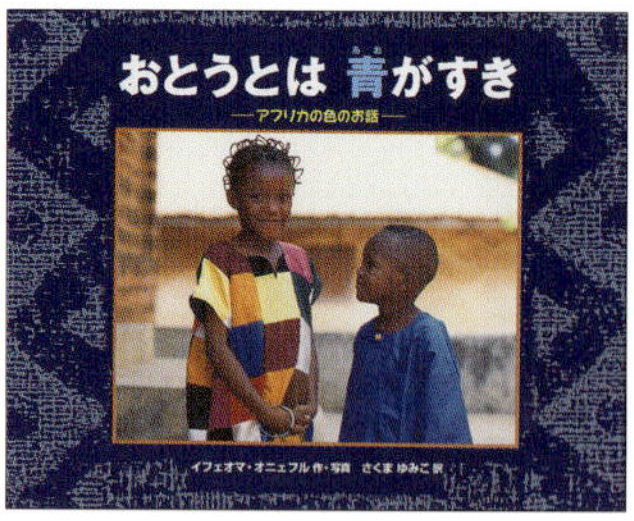


おとうとは青がすき
──アフリカの色のお話

ンネカの弟のチディは青が好きです。黄色はガリの色、緑はヤシの葉の色、黒は？　白は？　ンネカは弟に身近な色の名前を教えます。アフリカの暮らしや文化に親しむ写真絵本です。

イフェオマ・オニェフル(作・写真)／さくまゆみこ(訳)／偕成社／2006

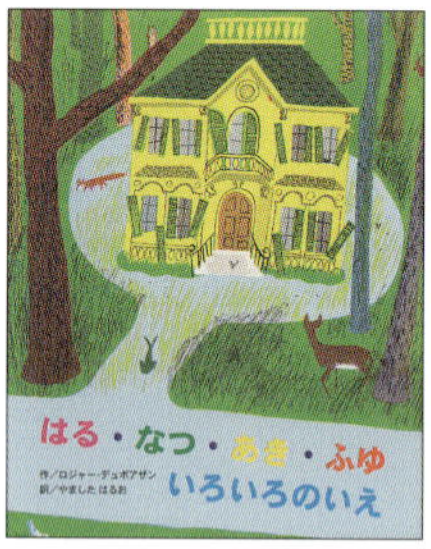


はる・なつ・あき・ふゆ
いろいろのいえ

４人の家族が古い家のペンキを塗り直そうとします。深い森に映える色はどんな色？　家族の意見がまとまらない時、お父さんが思いついたのはすべての原点となる最も美しい色でした。

ロジャー・デュボアザン／やましたはるお(訳)／ＢＬ出版／2008

## 色の不思議を楽しむって、どんな絵本のこと？

絵本にとって色の重要性はいうまでもありませんが、画家の命を削って生み出される色の美しさ、不思議さにはただ感嘆するばかりです。

**『フリッチス　ふしぎな色の旅』**は、訳者がブラジルでこの絵本に出会った時の「こんなステキな絵本を、いつか日本に紹介したいと願った」という感動が伝わってきます。日伯交流一〇〇周年記念の出版で、ブラジルの大統領が愛子様へプレゼントしました。

ナイジェリアの女性写真家の**『おとうとは青がすき』**は、子ども達の生き生きとした表情をとらえ、アフリカの文化の豊かさを紹介しています。

**『はる・なつ・あき・ふゆ　いろいろのいえ』**は科学的な色の実験要素も加わり、読み手がそれを証明しないと、子どもに読み聞かせできないというデュボアザンの仕掛けがあります。

駒形克己の作品は、めくる度に変化する色と形の物語を創造する楽しみがあるカード絵本です。

スーホの白い馬

モンゴルの大平原をイメージできるような横長の本。スーホ少年が大切に育てた白馬を王様に取られますが、白馬は大好きなスーホのところへと走って逃げます。しかし兵隊に矢で射られて絶命。スーホは悲しみ、白馬の皮で「馬頭琴」を作りました。

大塚勇三（再話）／赤羽末吉（画）／福音館書店／1967

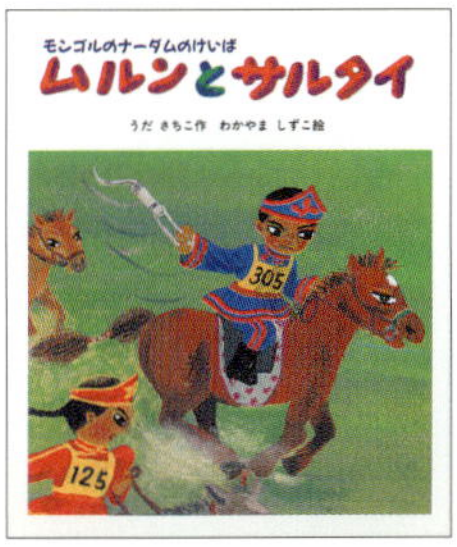


モンゴルのナーダムのけいば
ムルンとサルタイ

ナーダムは競馬のお祭り。モンゴルでは５～６歳で競馬にデビューするのですが、８歳になるムルンは競馬が怖くて出場できません。家族に励まされようやく出場する気になったムルンは…。

うださちこ（作）／わかやましずこ（絵）／リーブル／2004

うさぎのみみはなぜながい

ちっぽけな兎が体を大きくしてもらおうと神様へお願いに行きます。神様は兎に難題を出し兎はそれを全部実行しました。神様は小さいが俊敏な体を与えたことを兎に話し、耳を掴み放り投げたので兎は長い耳になった話。

北川民次（文・絵）／福音館書店／1962

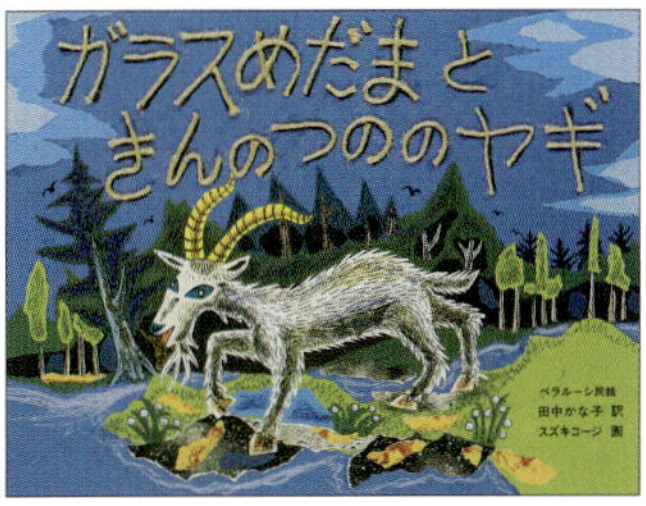


ガラスめだまときんのつののヤギ

ガラス目玉ときんのつのを持つヤギに畑を荒らされて困っているおばあさんのために、クマ、オオカミなどがヤギをやっつけますが、失敗します。最後にハチがヤギをチクッ！　と刺すと、ヤギは逃げました。

田中かな子（訳）／スズキコージ（画）／福音館書店／1988

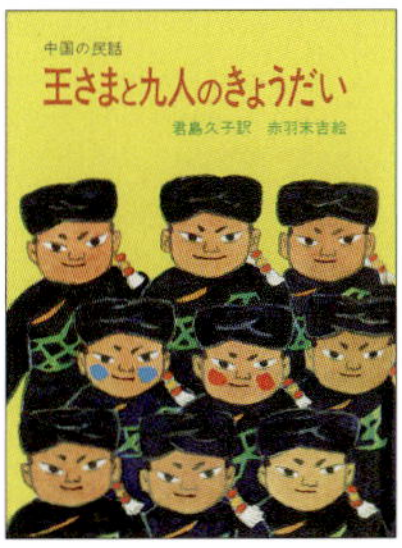


王さまと九人のきょうだい

９人の兄弟は力持ち、食いしん坊、寒がりやなどの異なる得意わざをもっています。悪い王様が次々に出す難題に挑戦して勝つのです。中国のポピュラーな民話をコミカルなタッチで描いています。

君島久子（訳）／赤羽末吉（絵）／岩波書店／1969

プンク　マインチャ

プンクマインチャは継母とその娘にいじめられますが、頭が二つあるヤギが助けてくれます。不思議なことが次々に起こる物語の展開に引き込まれていき、染色の紋様のような絵は、読み手を別世界へと誘います。

大塚勇三（再話）／秋野亥左牟（画）／福音館書店／1992

**日本人が描いた外国の民話を味わう、絵とことばのすばらしい世界**

民話絵本は詩のように快い言葉で綴られ、絵はその国の民族衣装や風景など固有の美しい文化を描いています。読む人の心に響く深い味わいの日本人の書いた外国の民話絵本を選びました。

**『プンク　マインチャ』**は染色の紋様のような線画で大胆に描いた珍しい絵本。

アステカ時代の昔話**『うさぎのみみはなぜながい』**の作者は、メキシコ人の壁画家たちと交流を持った画家です。民衆の残した壁画を再現した絵を描き、素朴で不思議な世界を生み出しています。

スズキコージの絵本は大胆で独特の雰囲気を持っています。**『ガラスめだまときんのつののヤギ』**は、貼り絵の手法で絵が構成されていて、ヤギやクマ、オオカミが肉迫してくるようです。

国語の教科書で出会った**『スーホの白い馬』**に感動した宇田さんはモンゴルが大好きになり、何度も出かけてモンゴルの国民的祭りの競馬をテーマに絵本『ムルンとサルタイ』をつくりました。

ワンガリの平和の木

ノーベル平和賞を受賞したワンガリ・マータイの伝記絵本。ふるさとの村に緑を取り戻そうと始めた「苗木を植える運動」は、「女にできるわけがない」と役人にバカにされたが苗木は見事に育ち、運動は世界各地に広がりました。

ジャネット・ウインター／福本友美子(訳)／ＢＬ出版／2010

アンデスの少女ミア

ミアの住んでいるアンデスの村の家々は、壊れたものを拾い集めて作った貧しい暮らしでした。お父さんが捨て犬を連れて帰ってきてからミアの生活が変わっていきます。ある日ミアは花の群生を見つけて持ち帰ります。

マイケル・フォアマン／長田弘(訳)／ＢＬ出版／2009

木を植えた男

昔、フランスの高い山の中で、男が一人でブナやカシワの木を育てました。長い年月をかけて荒れた山は美しい森になり、人々が戻ってきて花や野菜を植えました。山に苗木を植え続けたブフィエの半生を描いた本。

ジャン・ジオノ(原作)／フレデリック・パック(絵)／寺岡襄(訳)／あすなろ書房／1989

棚田を歩けば

棚田は山の斜面に階段状に作られた田んぼのこと。日本の美しい棚田でお米のできるようすを写真で展開。伝統的な稲作行事も紹介しています。棚田はアジアの国々やマダガスカルにもあるのに驚きます。

青柳健二(写真・文)／福音館書店／2007

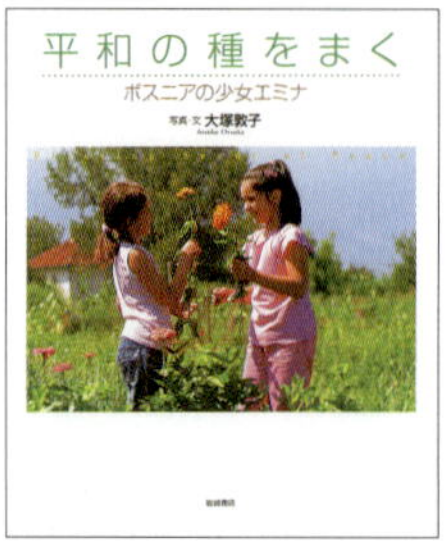


平和の種をまく
──ボスニアの少女エミナ

少女が語るボスニアの未来と希望。民族紛争で街は破壊され人々の心も傷つきました。しかし土地を与えらた人々は野菜や小麦を作り、昔のように一緒に助け合うようになりました。

大塚敦子(写真・文)／岩崎書店／2006

ふしぎなガーデン
──知りたがりやの少年と庭

庭のない街に住む好奇心の旺盛な少年リーアムは、廃線となった高架鉄道で小さな花を見つけて世話をします。花はどんどん増えていき、いつしか街には草木があふれ、人々の憩いの庭園になりました。ニューヨークの実話。

ピーター・ブラウン／千葉茂樹(訳)／ブロンズ新社／2010

## 花や樹木を育てることは、人々に安心感と連帯感を育む

花が咲いているのを見たり、緑の草や木を眺めたりすると人は気持ちが穏やかになり顔がほころんできます。

「もったいない」という日本語が国連で有名になったワンガリ女史の『**ワンガリの平和の木**』。ワンガリは荒地に苗木を植えて水やりをし、三カ月間枯らさなかった女性にお礼を出す「グリーンベルト運動」を広げ、ふるさとは緑の美しい野山になりました。

『**アンデスの少女ミア**』は貧民地区のゴミすて場に花を植えて美しい花壇に変えた少女の話。花を植えると誰もが「水をやらなければ」と思い、そして美しく咲いた花を喜んで買ってくれます。

『**ふしぎなガーデン**』は文字のない場面を読み取るワクワク感があります。少年の作った小さな庭には、いつしか庭師が入り美しい庭園が出現します。

『**木を植えた男**』は、山が荒れ果てて村人がいなくなったが、たった一人で荒れた山にブナやカシワのドングリを植え続け、不屈の精神で偉業をなしとげた男ブフィエの話。

こどもがはじめてであう
せかいちず絵本

世界地図の中の日本はとても小さい。世界で一番高い山はエベレスト、一番長い川はナイル。シンプルな絵と構図がわかりやすい。幼児向きの「せかいちずえほん」として最初の本。

とだこうしろう／戸田デザイン研究室／1992

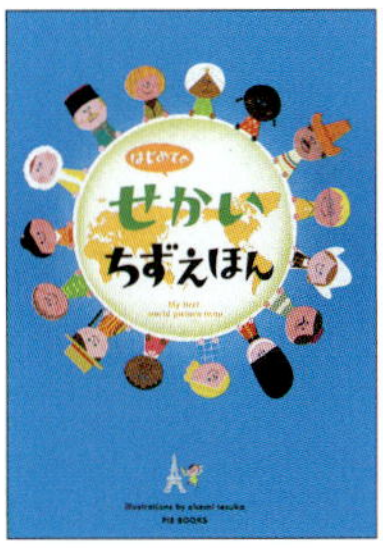


はじめてのせかいちずえほん

民族衣装の子どもが地球を囲むスカイブルーの表紙は、子どもに人気があります。山や川の比較、６大陸の位置や形、世界のいろいろな家・食べ物・挨拶、有名な物語などを紹介しています。

ピエ・ブックス（企画）／てづかあけみ（絵）／ピエ・ブックス／2008

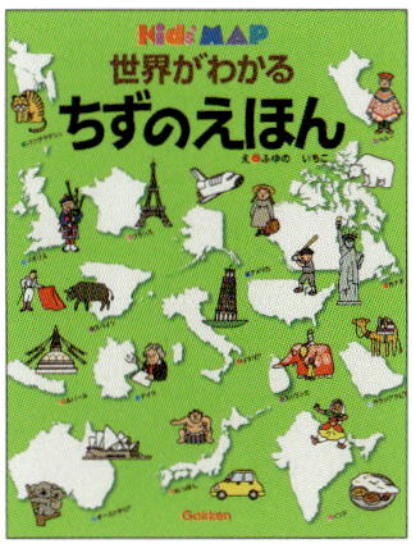


世界がわかる　ちずのえほん

６大陸別に各国の形を示し、41カ国の特徴を詳しく紹介。世界の人口や自動車等の産業の比較をわかりやすく示します。日本は小さい島国ですが、青函トンネルは世界一長いトンネルです。

スリーシーズン（企画・編集）／ふゆのいちこ（絵）／学習研究社／2008／改訂版発刊のため、旧版は絶版

ものしり地図絵本世界

大陸別の特色、国別の有名な建造物、珍しい動物、民族衣装などを紹介。世界の湖や島の大きさ比べでは、日本の本州との比較ができて新しい発見をします。上段の３冊の絵本の次に紹介すると面白い本です。

ひらいふみと（作・絵）／田中義一（監修）／ＰＨＰ研究所／2004

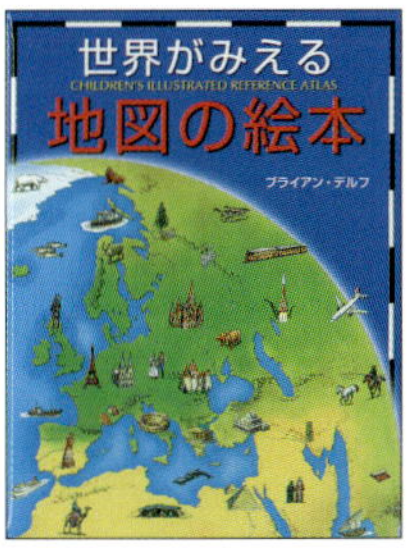


世界がみえる地図の絵本

イギリス人の書いた地図絵本。日本の城の紹介は名古屋城のみ。姫路城、大阪城、奈良の大仏もない外国人の目。全地図に平地と山岳を色付き標高差で示しているのが特色。小学生向き。

ブライアン・デルフ／吉田秀樹（訳）／あすなろ書房／2003

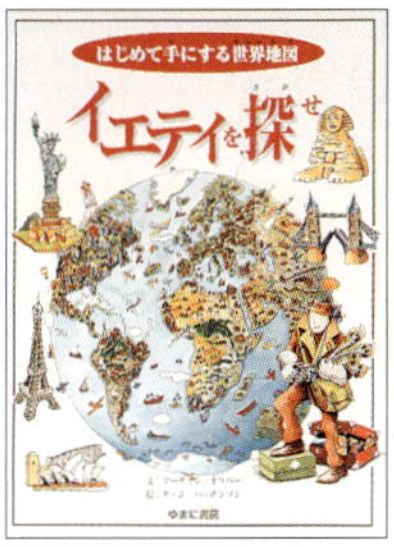


はじめて手にする世界地図
イエティを探せ

謎の動物を探す冒険旅行の話。ジャックはヘリコプターに乗り世界旅行へ出発！　物語の展開と共に大型画面に北極から南極にいたる６大陸の壮大で詳しい世界が広がります。

マーティン・オリバー（文）／ティム・ハッチソン（絵）／ゆまに書房／2002

## 心がおどる「せかいちずえほん」

「せかいちずえほん」は子どもも大人もその面白さに引き込まれ、センス・オブ・ワンダーの世界の虜になります。一九九二年出版の**『こどもがはじめてであうせかいちず絵本』**が最初の本で、二〇〇八年に上段の二冊が刊行されました。

**『はじめてのせかいちずえほん』**の表紙は子どもに人気があります。外国人の挨拶をまねて「ぼくドイツ人、グーテンターク」、「わたし中国人、ニーハオ」など面白がります。『ピノキオ』『あかずきん』など、知っている物語の国がわかると得意そうに友達に教えています。

**『世界がわかる　ちずのえほん』**は五歳児が大好き。カタカナが読める子どもは、絵本で発見したことをまるで大事件のように友達に知らせます。

幼児は小学生の「調べ学習」のような知的好奇心を発揮する遊びを、大層喜ぶのだと大人に教えてくれます。

**『はじめて手にする世界地図　イエティを探せ』**はワクワクしてイエティを探し、次々と大陸の冒険旅行をする世界地図絵本です。

あかいきしゃ
　はじめてであうハングルの絵本

ハングルは英語で言えばアルファベット。記号のようなこの言葉には韓国の文化や思想が込められています。赤い汽車がラルラルラルと歌いながら、長い旅をします。

　パク・ウニョン／おおたけきよみ（訳）／アートン／2004

ソルビム２
　――お正月の晴れ着（男の子編）

お正月の朝、男の子が晴れ着を着ます。ポソン、パジ、チョゴリ、ペジャ、カチトゥルマギ…。晴れ着に使われている色や刺繍には、健康や長寿、繁栄の祈りが込められています。

　ペ・ヒョンジュ／ピョン・キジャ（訳）／セーラー出版／2007

きょうはソンミのうちでキムチをつけるひ！

ソンミは祖母に教えてもらいキムチを漬けました。裏庭に住むネズミの親子も作ります。最後にキムチの歴史と12種類のキムチが紹介されています。

　チェ・インソン（文）／パン・ジョンファ（絵）／ピョン・キジャ（訳）／セーラー出版／2005

あかてぬぐいのおくさんと７にんのなかま

あかてぬぐいのおくさんは裁縫がとても上手です。おくさんが昼寝をしている間に、裁縫道具たちは自分が一番と自慢して言い争いになります。

　イ・ヨンギョン（文・絵）／かみやにじ（訳）／福音館書店／1999

ふしぎなしろねずみ
　韓国のむかしばなし

韓国では隠している物をネズミが守るという言い伝えがあります。おじいさんの鼻の穴から出てきたネズミをおばあさんが追いかけていくと…。

　チャン・チョルムン（文）／ユン・ミスク（絵）／かみやにじ（訳）／岩波書店／2009

パパといっしょに

山が赤や黄色に色づく頃、ソリはパパと一緒に山に登ります。リスやウサギ、クマの真似をしたり、葉っぱを降らし、寝転んだり、すべったり、親子で自然を満喫します。

　イ・サンクォン（文）／ハン・ビョンホ（絵）／おおたけきよみ（訳）／アートン／2004

## おとなりの国、韓国の絵本は面白い！

日本人にとって韓国は近くて遠い国でした。最近は韓国ドラマが私たちの生活に定着し、二〇〇〇年以降韓国の絵本はたくさん出版されています。

ハングルを物語に添えてわかりやすく説明した**『あかいきしゃ』**。ソルビムとは韓国の正装のことです。**『ソルビム２』**は小さな男の子がお正月の朝、一人で晴れ着の身支度をする絵本。洋服や小物の一つひとつが美しく、装飾品の意味が説明されて、新しい一年が幸多かれとの願いが込められています。**『ソルビム――お正月の晴れ着』**（五頁）もあります。キムチの作り方を紹介している**『きょうはソンミのうちでキムチをつけるひ！』**は、韓国の食文化がよくわかる愉快な絵本です。

**『パパといっしょに』**は、父と子でソウル近郊の山に登り、秋の一日を楽しみます。草や葉っぱでの遊び方を父親が教え、子どもが見つけた遊びに親子で興じ、自然との関わりや子どもとの接し方が素敵です。伝統文化を重んじ生活感もあり、韓国の絵本は多彩でどれも楽しくて面白いです。

しーっ！ ぼうやがおひるねしているの

タイの農村や動物の様子をユーモラスに描いています。ハンモックで眠る坊やの眠りを妨げる蚊やネズミ、大きなゾウにまで「しっ！ しずかに」と口に手を当て知らせていた母親は疲れて眠りこんでしまいます。一方坊やは目をパッチリと…。

ミンフォン・ホ（作）／ホリー・ミード（絵）／安井清子（訳）／偕成社／1998

山からきたふたご スマントリとスコスロノ――影絵芝居ワヤンの物語より

双子の兄は整った顔で、弟は醜い顔と姿でした。弟は捨てられたが、心優しく不思議な力を身につけました。水牛の皮の木版画には躍動感と迫力があります。

乾千恵（再話）／早川純子（絵）／松本亮（監修）／福音館書店／2009

サルとトラ

暴れん坊のトラは利口なサルにだまされて、ひどい目にあいます。ラオスの少数民族に伝わる愉快な民話。挿絵のきれいな刺繍は民族の伝統工芸です。

ヤン・サン（再話）／ドゥア・リー（下絵）／ヤン・ロン、ヤン・イェン（刺繍）／やすいきよこ（訳）／福音館書店／2005／現在、品切

きつねのホイティ

表紙見返しのおかみさんが働く姿の線画が愉しい。くいしんぼうのホイティは干してある洗濯物で人間に変装し、アンゴウさんの家でごちそうになり、変装を気づかれたことを知らずに同じことを繰り返すのです。

シビル・ウェッタシンハ（文・絵）／松岡享子（訳）／福音館書店／1994

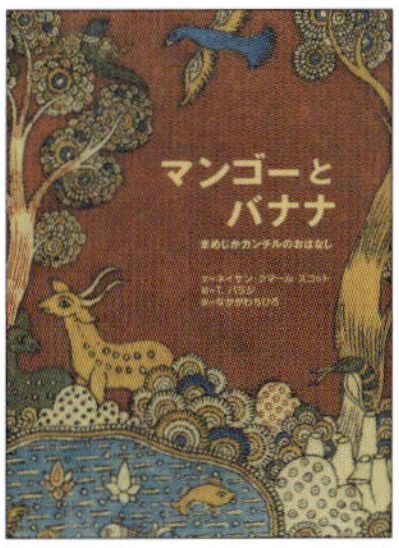


マンゴーとバナナ

インドネシア民話をインドのカラムカリ更紗で描いた珍しい絵本です。ずるいサルはバナナもマンゴーも独占しようとします。真面目なシカは作戦を立て、自分の分を取り返す、二人のやりとりが面白い。

ネイサン・クマール・スコット（文）／T・バラジ（絵）／なかがわちひろ（訳）／アートン／2006

われたたまご

ウズラの夫婦が大切に温めていた卵を巣の中で割られました。卵を踏みつけたウマに抗議をすると、ウマはニワトリのせいにし、ニワトリは…。この物語では水牛やサル、蚊も登場して負けずにやり合うところが愉快です。

小野かおる（再話・画）／福音館書店／1997／現在、品切

## 熱帯の自然と共に暮らす 多民族の文化

東南アジアの熱帯地域は、湿潤な気候で人びとはメコン川を道路のように舟で行き来します。民話には身近な動物をテーマにしたものが多く、伝統工芸の影絵、染色、刺繍などの珍しい絵本があります。

タイの豊かな自然や風景とともに、住居、敷物、置物、人びとの服装などを知ることができるのは**『しーっ！ ぼうやがおひるねしているの』**です。

ユーモラスな話**『きつねのホイティ』**の表紙の見返しの絵は、スリランカの女性が穀物の皮を取り除いて粉にし、果物の汁を絞って食事の用意をしているようすを詳しく紹介しています。

**『山からきたふたご スマントリとスコスロノ』**の影絵芝居ワヤンは、お祝いの場で魔よけとして一晩中上演されます。作者の乾千恵さんはワヤンの幻想的世界に憧れ、このエキゾチックで強烈な物語を再話しました。

**『マンゴーとバナナ』**ではインド更紗の染色技術を、ペン画で美しく表現した異国情緒にあふれる絵本です。

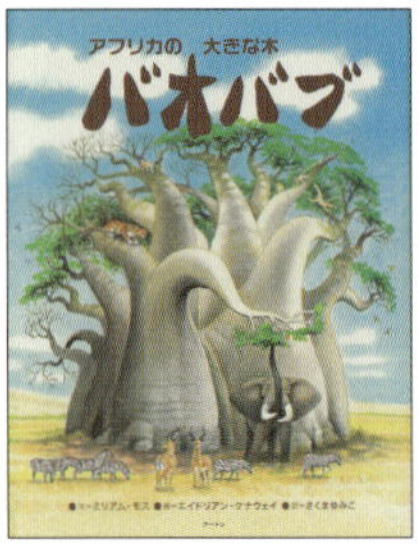


アフリカの大きな木バオバブ

サバンナに立つバオバブはどの部分も役に立つ生き物のオアシスとして大切にされます。木の周りで安らぎ、命を育む生き物たちの一日を描いた科学絵本です。

ミリアム・モス（文）／エイドリアン・ケナウェイ（絵）／さくまゆみこ（訳）／アートン／2006

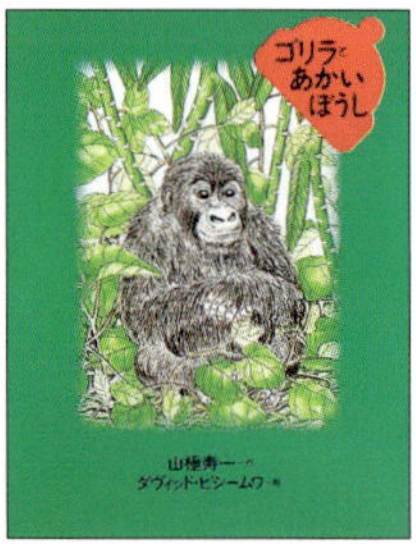


ゴリラとあかいぼうし

ジャングルでゴリラの観察を続けゴリラと会話できる研究者のゴリラ語の絵本。男の子がなくした赤い帽子をゴリラの子どもが見つけ、持っていきます。どうなるの？「ブルルル」「コッコッコッ」はゴリラ語です。

山極寿一（作）／ダヴィッド・ビシームワ（絵）／福音館書店／2002／現在、品切

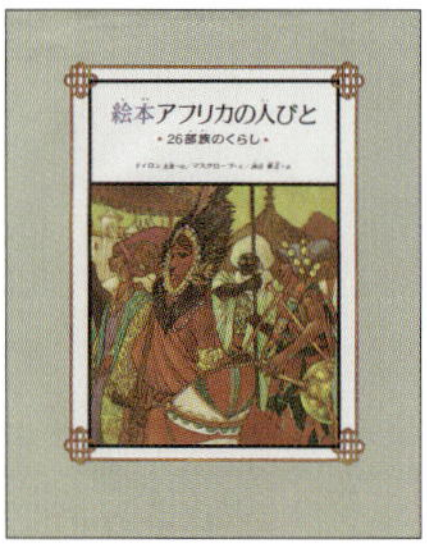


絵本アフリカの人びと
——26部族のくらし

アフリカの伝統的な生活を描いた美しい本。１頁に１部族の特徴や自然環境などが描き込まれ、丁寧な資料収集と実地調査の努力が結集された作品。

マーガレット・マスグローブ（文）／ディロン夫妻（絵）／西江雅之（訳）／偕成社／1982

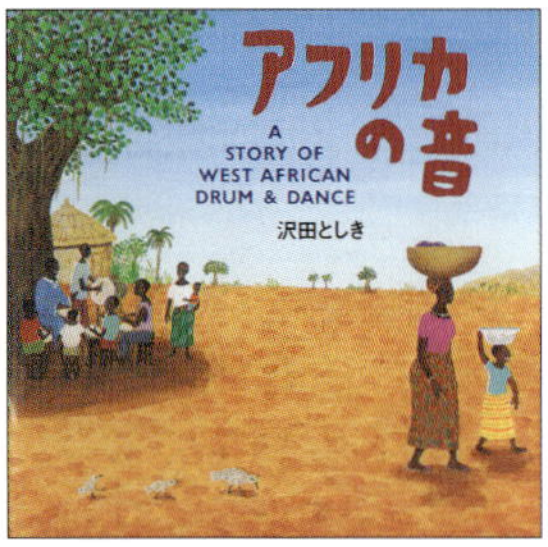


アフリカの音

アフリカの民族衣装や生活、乾いた広い大地のようすが伝わってきます。ヤギは死んで皮を残し、その皮で作ったタイコを打ち、村人同士で合図をします。大地の恵みに感謝し、生きる喜びをタイコを叩いて力強く踊ります。

沢田としき／講談社／1996

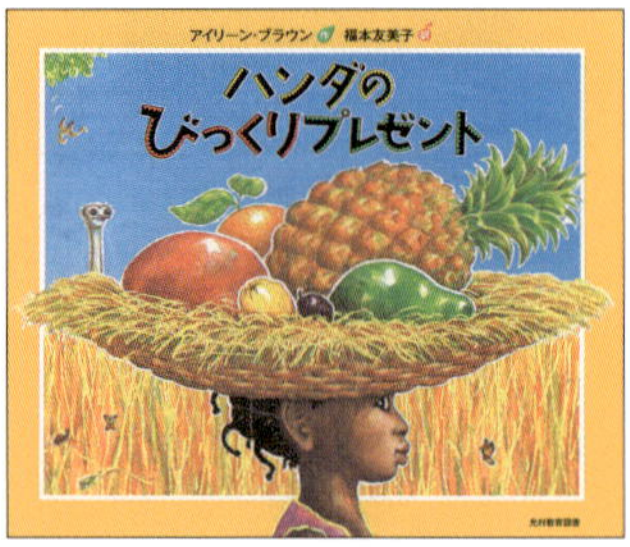


ハンダのびっくりプレゼント

ハンダは友達のアケヨにあげるパイナップル、バナナ、マンゴーなどの籠を頭に載せて出かけます。サバンナの動物、キリン、ゾウ、シマウマ、ダチョウ、サルに会いました。さあ、どうなるのでしょう？

アイリーン・ブラウン／福本友美子（訳）／光村教育図書／2006

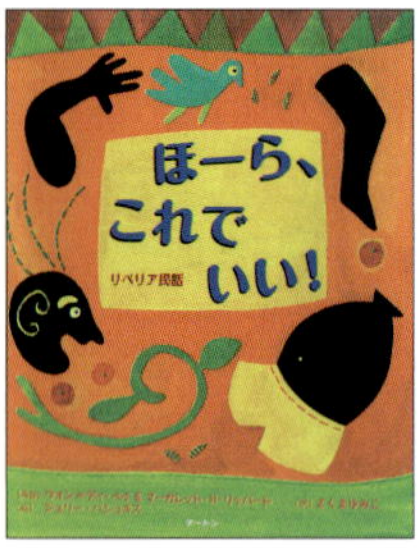


ほーら、これでいい！

昔、頭と手と足と胴体は離れていましたが、力を合わせマンゴーを食べることができました。リベリアとは「自由の国」の意味で、アメリカで解放された奴隷だった人達が建国しました。

ウォン＝ディ・ペイ、マーガレット・H・リッパート（再話）／ジュリー・パシュキス（絵）／さくまゆみこ（訳）／アートン／2006

## アフリカのことを描いた絵本は、躍動する生命のリズムを感じる

アフリカのイメージはナイル川、サハラ砂漠、ピラミッドなどです。世界第二の大陸のジャングルには貴重な稀少動物が生息し、大切に保護されています。アフリカのことを伝える絵本には教材的なものが多い中で、読む人の心に響く絵本を選びました。

まるで額縁入りの絵画のような『**絵本アフリカの人びと**』。熱帯の風土を多彩な色使いで二六部族の活力のある特徴を要点だけ描いている見事さに感動し、思わず見入ってしまう本。一九九七年にコルデコット賞を受賞しています。

『**アフリカの音**』は、見開きいっぱいにアフリカの大地を描いて迫力があります。人びとは命のつらなりに感謝し、ゆっくり昇る太陽、タイコを叩いて大勢の人が喜び踊る心が伝わります。

緑色を基調とした見る人の心を癒す『**ゴリラとあかいぼうし**』。木や草の上でごろ寝のゴリラは「フニム、フニム、フニア」と草を食べ、ボスがみんなを連れて移動する時は、「ボボッ、ボボッ」と低く唸り早足で行動すると作者が言っています。

西ヨーロッパの鉄道

列車に乗るとその土地の風景を楽しめるだけでなく、乗っている人たちの様子やお弁当などから、文化や習慣や産業までわかります。この本ではヨーロッパを横断する高速列車や山岳鉄道などを紹介しています。

秋山芳弘／こどもくらぶ（編）／旺文社／2006

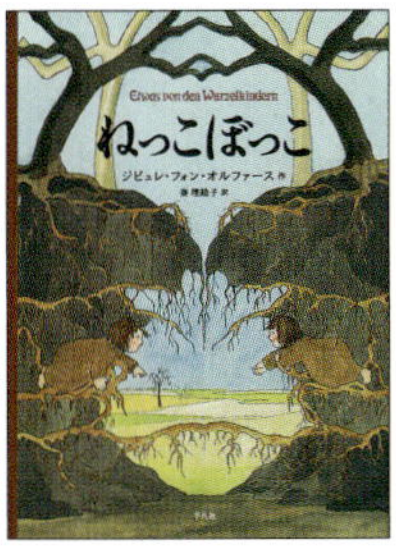


ねっこぼっこ

大地のお母さんの子ども達ねっこぼっこは、眠りから覚めて春の準備を始めます。秋の終わりまで花や虫たちと野原で暮らし、冬の間は眠りにつく。ドイツで１世紀以上も子ども達に読みつがれている四季のめぐりの絵本です。

ジビュレ・フォン・オルファース／秦理絵子（訳）／平凡社／2005

はしれ！　カボチャ

おばあさんが孫娘の結婚式に出かける途中で、「おまえをくってやる」という動物達に、「かえりにゃもっとふとっているよ」と言って、結婚式に出ます。おばあさんは無事帰れるでしょうか。痛快なポルトガルの昔話です。

エバ・メフト（文）／アンドレ・レトリア（絵）／宇野和美（訳）／小学館／2008

うんがにおちたうし

白いミルクをたっぷり出すために毎日、草を食べている牛ヘンドリカ。ある日、オランダの運河に落ちてしまいます。体が太りすぎて岸に上がれず、木の箱に乗って町まで流されていきます。

フィリス・クラシロフスキー（作）／ピーター・スパイアー（絵）／みなみもとちか（訳）／ポプラ社／1967

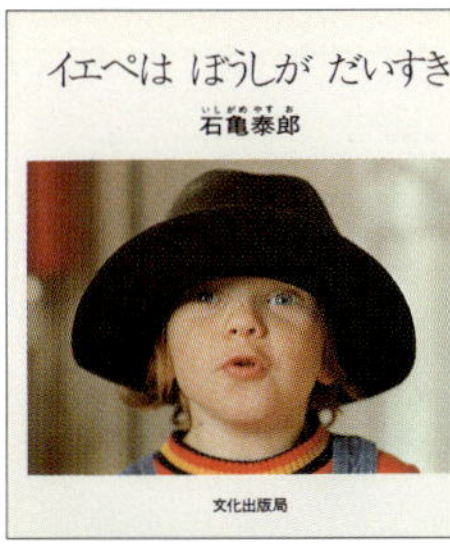


イエペはぼうしがだいすき

イエペは３歳。帽子を100個持っていて、中でも一番これが好き。保育園に行く時も遊ぶ時もお弁当の時もかぶっています。デンマークの保育園の建物や遊具、子ども達の遊んでいる様子がよくわかる写真絵本です。

石亀泰郎（写真・文）／文化出版局／1978

ふくろにいれられたおとこのこ

めんどくさがりのピトシャン・ピトショが拾ったお金で植えたイチジクを食べていると鬼につかまってしまいます。鬼に食べられそうになりますが、知恵を使って鬼を退治するフランスの昔話。

山口智子（再話）／堀内誠一（絵）／福音館書店／1992／現在、品切

## 古いものも新しいものも大切にされる文化

国と国との交流が盛んなヨーロッパでは、国境を越えた鉄道網が発達しています。『**西ヨーロッパの鉄道**』には、パリとロンドンを行き来できるユーロスター、パリとブリュッセル、アムステルダムを結ぶタリス等の国際高速列車、国際夜行列車シティナイトライン、小説や映画で有名なオリエント急行も紹介されています。

一世紀以上も前に出版された絵本『**ねっこぼっこ**』は、ドイツのお母さん達が今でも大切に子ども達に読み聞かせている絵本です。フランス、ポルトガルの昔話は、「なぜそうなるのか」と思いもよらない展開となり痛快です。

『**イエペはぼうしがだいすき**』は、森の保育園や子どもの写真を撮り続けている写真家石亀泰郎氏の絵本です。園庭や雨上りの原っぱで遊んでいる子ども達、お弁当や絵本を見ている様子など、イエペが通っている保育園の楽しそうな子どもの声が聞こえるようです。

西ヨーロッパでは、長い年月読み継がれた絵本も大切にされています。

### わたしのろば　ベンジャミン

ギリシャの島に住むスージーとロバのベンジャミンとのほのぼのとした触れ合いの写真絵本。石造りの家や道、海岸の風景、女の子の豊かな表情が魅力的で、何度も見たくなる絵本です。

ハンス・リマー(文)／レナート・オスベック(写真)／松岡享子(訳)／こぐま社／1994

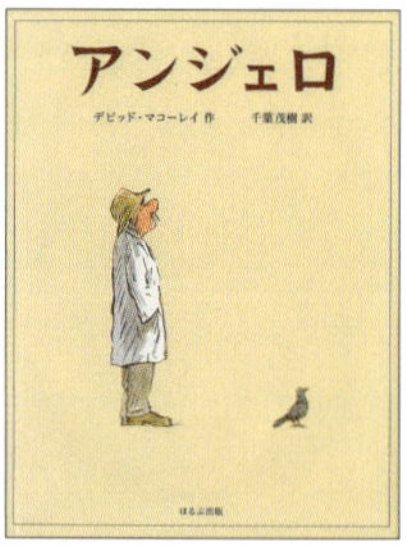


### アンジェロ

アンジェロは教会の壁を修復する壁職人です。ある日けがをしたハトを助けます。両者の気持ちの交流が伝わるほのぼのとした絵本。月日は流れアンジェロの仕事はようやく完成します。

デビッド・マコーレイ／千葉茂樹(訳)／ほるぷ出版／2002

### モーツァルトくん、あ・そ・ぼ！

18世紀に生まれたモーツァルトは「神童」と呼ばれ、幼いときから王様や貴族の前でピアノを弾いた天才です。音楽を聴きながら遊ぶ、ピアノを弾きながら遊ぶ、どんな風に遊ぶの？　愉快なモーツァルトくんのお話です。

ピーター・シス／きむらみか(訳)／徳間書店／2007

### ひらめきの建築家　ガウディ

今までの建築の概念をひっくり返し、才能を爆発させる天才のガウディ。スペインの人々を驚かせて、ついに世界のガウディと呼ばれるようになりました。

レイチェル・ロドリゲス(文)／ジュリー・パシュキス(絵)／青山南(訳)／光村教育図書／2010

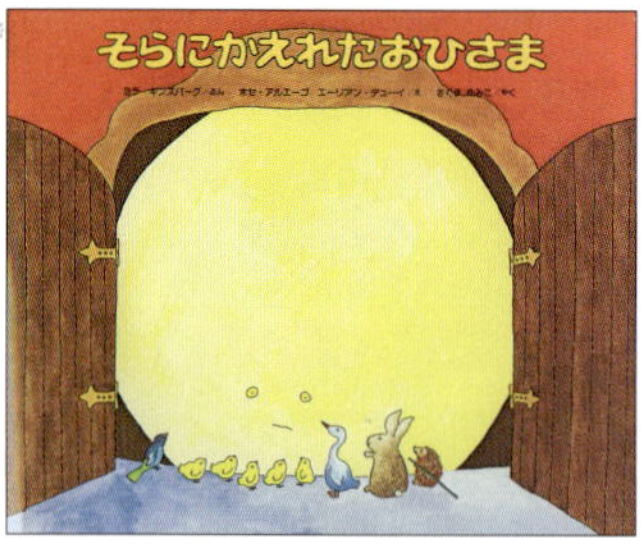


### そらにかえれたおひさま

もし太陽が隠れてしまったら、どうなるでしょう？　心配になったヒヨコはおひさまを探しに出かけカササギやウサギに尋ねますが、誰も答えられません。物知りハリネズミが教えてくれますが…。

ミラ・ギンズバーグ(文)／ホセ・アルエーゴ、エーリアン・デューイ(絵)／さくまゆみこ(訳)／アリス館／1984

### やぎとぎんのすず
#### ――ルーマニアの昔話

ぎんの鈴を首に付けたヤギはチリリン、チリリンと鳴るのが嬉しくて跳ね回ります。鈴がイバラの茂みでなくなり探しに行きますが、ノコギリや川など森のみんなに邪魔されます。さて、ヤギはどうなるの…。

八百坂洋子(文)／小沢良吉(絵)／鈴木出版／2006

## ヨーロッパは芸術の世界を広げた人達のふるさと

ヨーロッパの文化は世界中の近代化の手本とされました。イギリスの劇作家シェークスピア、神童と呼ばれたモーツァルトなど多くの芸術家がいます。建築物に植物や動物などの仕組みや美しさを取り入れたガウディの手本は、故郷のカタルーニャ地方の自然でした。彼の建築は人々を驚かし、今では世界中の人が見物に訪れています。

『**アンジェロ**』では、弱っていたハトを助けたアンジェロとハトの最後まで相手のことを思う心温まる交流が胸を打ち、爽やかに人の死を描いています。

『**やぎとぎんのすず**』は、次々と新しいものを求めて展開していく累積譚と呼ばれる昔話で、世界中にあります。ラフなスケッチのような絵は、親しみがあり、読む人を優しい気持ちに…。

『**わたしのろば　ベンジャミン**』は、世界中の子どもの人気絵本です。小さな女の子スージーの笑顔に魅せられて、何度見ても飽きることがありません。

ムーミン谷に春がきた

長い冬が終わり、ムーミン谷に春が来ました。目覚めたムーミンとスナフキンは友達のスニフと岩山に登り、そこでシルクハットを見つけました。シルクハットの中に物を入れると…。ムーミン谷は大騒ぎになります。

トーベ・ヤンソン(原作・絵)／岡村美恵子(構成・文)／講談社／1998

やかまし村のクリスマス

やかまし村の3軒の家は雪にすっぽり覆われています。1年中で、とびきり楽しいクリスマスがやってきます。子ども達は協力して薪運び、ツリー切り、飾り付け、プレゼントの準備をします。

アストリッド・リンドグレーン(作)／イロン・ヴィーグランド(絵)／おざきよし(訳)／ポプラ社／2003

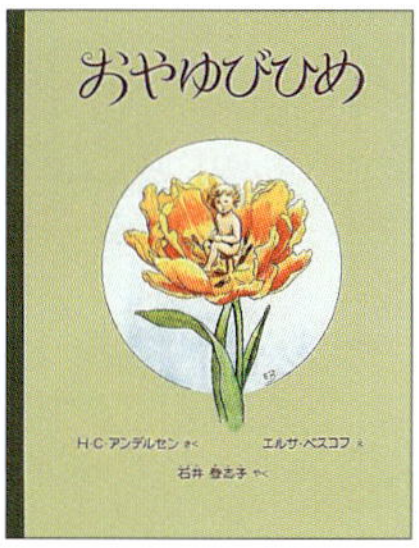


おやゆびひめ

チューリップから生まれたおやゆび姫。ヒキガエルにさらわれ、コガネムシ、モグラのお嫁さんにされかけますが、最後には…。はんなりとしたやさしい絵はスウェーデンの作家ベスコフが描いています。

H・C・アンデルセン(作)／エルサ・ベスコフ(絵)／石井登志子(訳)／フェリシモ出版／2001

12のつきのおくりもの

雪の降る真冬に継母からイチゴを摘んでくるよう言われたマルーシカは森の中へ探しに行きます。森の中で出会った12の月の精にマルーシカはイチゴをもらいます。

内田莉莎子(再話)／丸木俊(絵)／福音館書店／1973

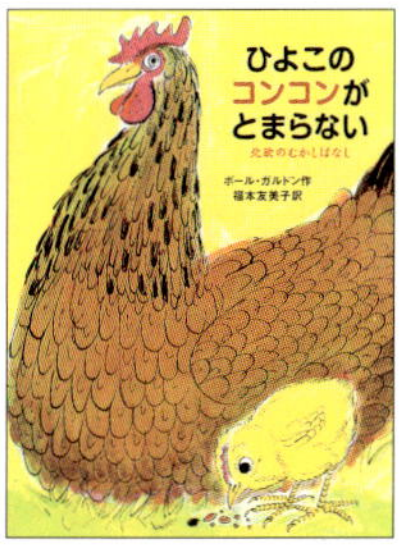


ひよこのコンコンがとまらない
——北欧のむかしばなし

ひよこのペッタンが大きな種を飲み込もうとして、コンコンコン。めんどりのコッコさんは水を探しに泉、樫の木、男の子、くつ屋、牛、お百姓、かじ屋と奔走します。繰り返しが面白いスカンジナビア半島に伝わる昔話です。

ポール・ガルドン(作)／福本友美子(訳)／ほるぷ出版／2007

鹿よ　おれの兄弟よ

シベリアの若い猟師が鹿を撃ちに行く物語。着る服も靴も鹿革。鹿の肉を食べ、それは自分の血や肉となるのです。絵を描いたパヴリーシンはシベリア出身で少数民族に詳しく、森や川、猟師の生活や服装が美しい線描画で描かれています。

神沢利子／G・D・パヴリーシン(絵)／福音館書店／2004

**自然に寄り添って暮らす北欧やシベリア**

『てぶくろ』『おおきなかぶ』など、雪深い国には子ども達に親しまれている昔話やお話がたくさんあります。

**『ムーミン谷に春がきた』**は、フィンランドの作家ヤンソンの「ムーミン谷から」の一巻です。このシリーズの中の一冊が国際アンデルセン賞を受賞しました。

『ながくつしたのピッピ』の作家リンドグレーンが書いた**『やかまし村のクリスマス』**は、七人の子ども達のクリスマスの準備から当日のようすを描いています。二〇〇三年に新しく出版されました。

アンデルセンの童話の中からベスコフの絵が美しい**『おやゆびひめ』**を、ヒヨコの咳を止めようと奮闘するコッコさんを描いたスカンジナビア半島の昔話**『ひよこのコンコンがとまらない』**も紹介しました。

**『鹿よ　おれの兄弟よ』**は、自然の恵みである鹿が祖先の飢えを救い、また自分達の血や肉になることを森の主、川の主に感謝し、自然に敬意を払い、自分達も自然の一部として生きていると語る物語です。

### かあさん、わたしのことすき？

女の子は「母さん私のこと好き？」と尋ねます。母は北極グマなどを例に挙げ「誰よりもあなたが好き」と言います。親子の絆の大切さや美しい色調の衣装などから極寒の暮らしぶりを伝えます。

バーバラ・ジョシー（作）／バーバラ・ラヴァレー（絵）／わたなべいちえ（訳）／偕成社／1997

### ゆきとトナカイのうた

北極圏の大自然の中でトナカイを育てて暮らす家族の話。トナカイの食料のコケは生長が遅いので、コケを求めて移動していきます。５歳のマリットは家づくりや服や靴を作るのを手伝って民族の文化を覚えるのです。

ボディル・ハグブリンク／山内清子（訳）／ポプラ社／2001

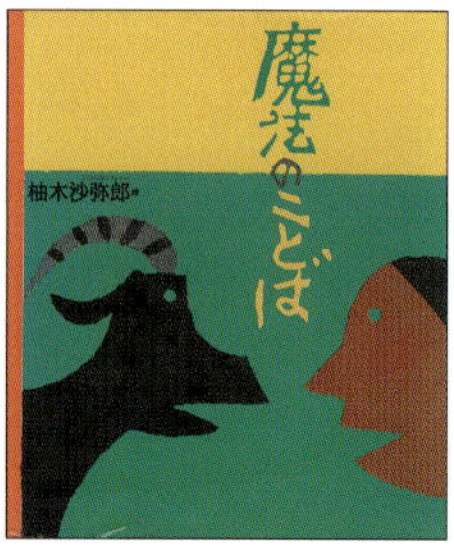


### 魔法のことば

大昔、人は動物に、動物は人に自由に姿を変えることができたイヌイットの話。みんな同じことばを話し、人が口にしたことは、その通りになったという不思議な絵本。シンプルで力強い絵とことばで綴られています。

柚木沙弥郎（絵）／金関寿夫（訳詩）／福音館書店／2000／現在、品切

### たいようのこども、ワイラ

アイマラ族の少女ワイラが初めて村を離れ、両親と旅に出ました。旅の途中でたくさんの人と出会い、いろいろなものを見たり、聞いたりします。ワイラの体験を通してインディオの歴史や生活を知ることができます。

エウセビオ・トポーコ／やなぎやけいこ（訳）／福武書店／1989

### とうもろこしおばあさん

「一晩泊めて下さい」と頼んでどの村でも断られたおばあさんを、小さな村の若者が快く泊めてくれました。おばあさんは喜んで村人が食べたことのないパンを振る舞いました。おばあさんの正体は、なんと！　トウモロコシでした。

秋野和子（再話）／秋野亥左牟（画）／福音館書店／1982／現在、品切

### くじらの歌ごえ

祖母は「鯨はお前を気に入れば、歌を聞かせてくれる」。おじさんは「鯨は肉や骨や油を採るための動物」と言います。リリーが鯨への贈り物の花を海に落としたその夜に、鯨が飛びはねました。

ダイアン・シェルダン（作）／ゲイリー・ブライス（絵）／角野栄子（訳）／ＢＬ出版／1991

## ネイティブアメリカンや北極圏の民族の伝統文化に学ぶ

寒くて厳しい自然に生きる民族が、大切にしてきた生活様式や考え方、伝統文化を守る暮らしに触れる絵本です。

縦長絵本の見開きいっぱいの雪原をソリやトナカイの群れが移動していく壮大な場面の**『ゆきとトナカイのうた』**。テントの中に必要な生活用具を置く暮らしのようすがよくわかります。

**『かあさん、わたしのことすき？』**は、ふっくらとした民族衣装の母親の顔や姿に安らぎます。本の見返しに描かれた儀式の仮面の絵が新鮮で見とれてしまいます。

**『魔法のことば』**はイヌイットに伝わる美しい詩です。絵本は絵とことばの融合芸術という表現がぴったりの本。

**『くじらの歌ごえ』**は、捕鯨を生活の糧にしていた民族のおばあさんとおじさんのくじらに対する思いの違いを人間の生き方の違いに例えて興味深い絵本です。

絵もストーリーも強烈な刺激を持つ**『とうもろこしおばあさん』**は、子ども達が大好きです。見知らぬ人への親切がその人を幸せにするという教えが伝わります。

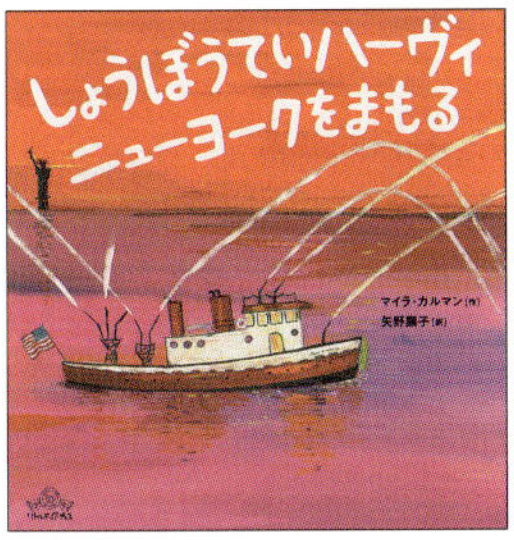


しょうぼうていハーヴィ
ニューヨークをまもる

オンボロ船のハーヴィは、2001年９月11日ツインタワーの火事を消す消防車に４日間も川の水を汲み上げ続け、ニューヨーク市から表彰されました。

マイラ・カルマン／矢野顕子(訳)／リトル・ドッグ・プレス／2004

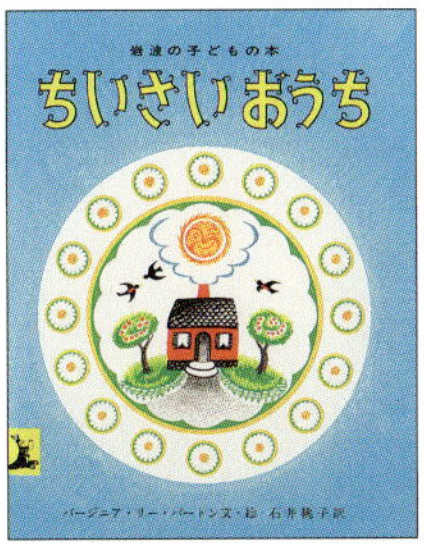


ちいさいおうち

田舎のちいさい家は周りの自然破壊のために引越します。最後にはヒナギクの咲く静かな丘に…。1945年に出版されたこの有名な絵本が訴える都市化による環境破壊の問題は、現代でも大きな問題です。

バージニア・リー・バートン／石井桃子(訳)／岩波書店／1965

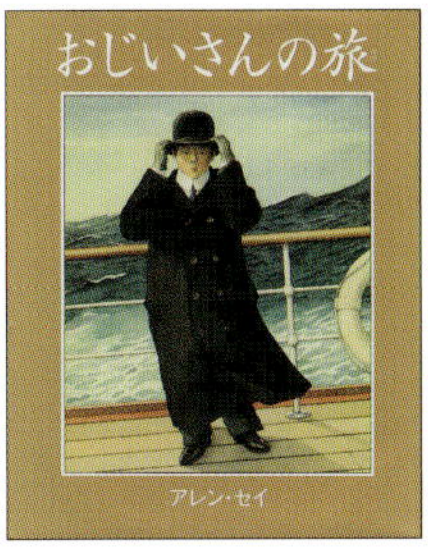


おじいさんの旅

おじいさんは初めて洋服を着て、船でアメリカに渡ります。しかし、故郷が恋しくなり家族と日本に帰ります。娘は日本の都会で暮らし、僕が生まれます。僕は大人になってカリフォルニアに渡り、そこが大好きになりましたが日本も恋しいのです。

アレン・セイ／ほるぷ出版／2002

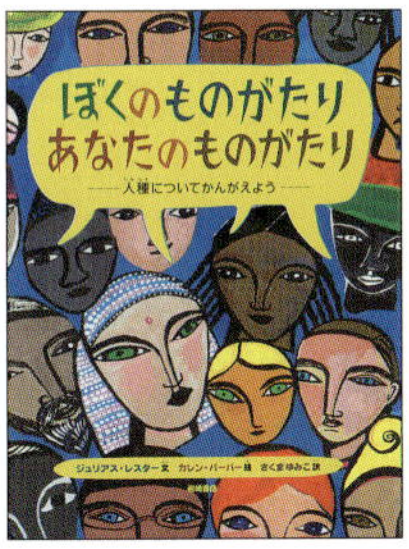


ぼくのものがたりあなたのものがたり
──人種についてかんがえよう

人は生まれた時からみんな違います。肌や髪の毛の色の違う人と会った時はどう思いますか？　名前は？　何が好き？　などを知ることが大事だと、力強いイラストで説明しています。

ジュリアス・レスター(文)／カレン・バーバー(絵)／さくまゆみこ(訳)／岩崎書店／2009

がちょうのアレキサンダー

アメリカで人気のある絵本作家のターシャ・テューダーの初期の作品。アレキサンダーはパンジーが大好き。フィローおくさんの花壇で見つけた、美味しそうな花が忘れられなくて、何とかありつこうと思いますが…。

ターシャ・テューダー／ないとうりえこ(訳)／KADOKAWA　メディアファクトリー／2001

どこへいくの？　ともだちにあいに！

日本とアメリカの絵本作家が意気投合して生まれた合作絵本です。右から岩村氏の絵で物語が始まり、左からエリック氏の貼り絵の手法で同じ物語が進み、中央で二人の絵が混ざり合う意表をついた構成が新鮮です。

いわむらかずお＆エリック・カール／童心社／2001

## アメリカは多民族の大きな国

ヨーロッパからの移民が建国したアメリカは、世界をリードする多民族文化の国です。**『ちいさいおうち』**は、五〇年も前から環境破壊の危機を人々に訴え続けています。残念ながら、今も地球上の自然破壊は進んでいます。

**『おじいさんの旅』**は人間の普遍的な「郷愁」の心をすくい取り、すべての人の物語となり、コルデコット賞を受賞。

ターシャ・テューダーの作品はどれも読む人の心を虜にしてしまいます。初期の作品**『がちょうのアレキサンダー』**を紹介しました。

**『ぼくのものがたりあなたのものがたり』**では、人種や民族などの違いについて「人はみんな違う」、この「違い」が大切であることをイラストで語ります。

**『しょうぼうていハーヴィ　ニューヨークをまもる』**の古い船「ハーヴィ」は、鉄くずになるところを仲間に助けられました。九・一一事件で活躍した実話絵本です。現在も小学生からお年寄りまでのハーヴィ保存会のボランティアの人々が、清掃や修理をしています。

行ってみたいなあんな国こんな国
　中南米

レゲエ音楽の発祥の国ジャマイカ、マヤ文明が栄えたグアテマラ、世界最大級のイグアスの滝があるアルゼンチンなど中南米各国の気候、民族、歴史、農産物を多数のイラストでわかりやすく紹介した本です。

　東菜奈／岩崎書店／2010

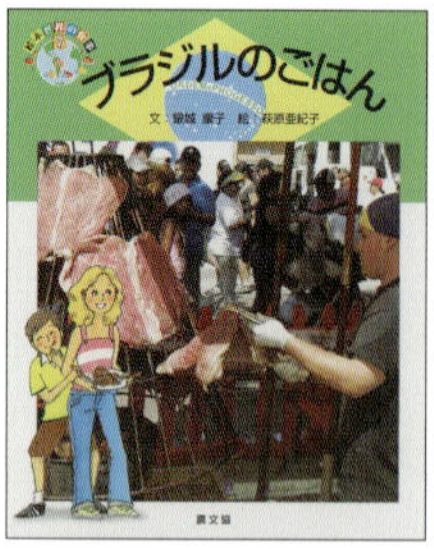


ブラジルのごはん――絵本世界の食事７

ブラジルの朝ご飯は焼きたてのパン、昼ごはんは米と豆を中心にしっかり食べます。16世紀にポルトガル人が渡ってきて以来、アフリカ、アメリカ、ヨーロッパの人々が入り、文化が混り合った複合的な食文化になりました。

　銀城康子(文)／萩原亜紀子(絵)／農山漁村文化協会／2008

セシのポサダの日
　クリスマスまであと九日

ポサダは特別な行事です。小さな女の子セシは初めてのポサダの日、お菓子を入れた星形のピニャタをみんなに割られ悲しみます。

　マリー・ホール・エッツ＆アウロラ・ラバスティダ(作)／マリー・ホール・エッツ(絵)／たなべいすず(訳)／冨山房／1974

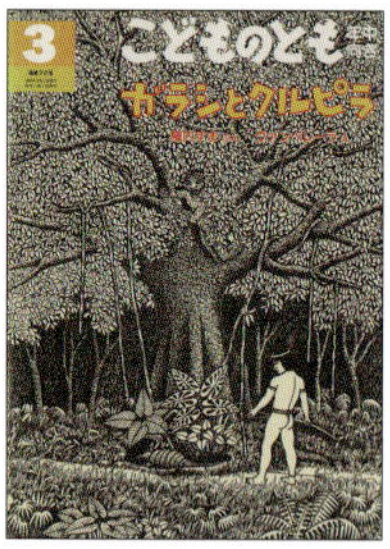


ガラシとクルピラ

アマゾン川のほとりに住む少年ガラシと森の木や動物を守るクルピラの話。アマゾン在住の画家の細かい線画がジャングルの生活や狩りの様子を伝えています。

　陣内すま(文)／ヴァンペレーラ(絵)／福音館書店／2005／現在、品切

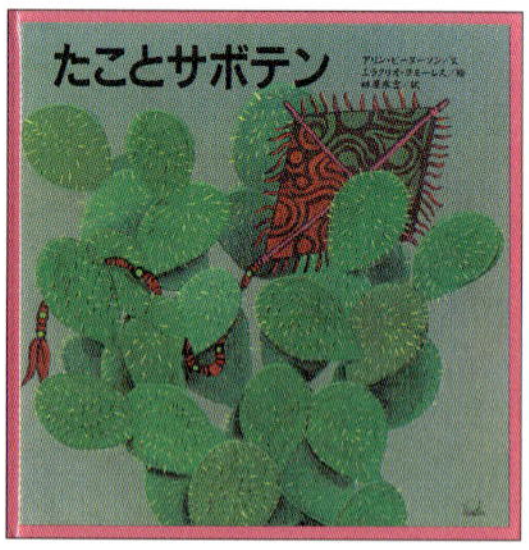


たことサボテン

地面にいた時にはチョウのように飛びたいと思っていた凧。風を受けて舞い上がると勇気が出て雲の上まで登りました。雲の中に入ると動かなくなり、落ちてサボテンの木に引っ掛かってしまいます。

　アラン・ピーターソン(文)／エラクリオ・ラミーレス(絵)／林家永吉(訳)／河出書房新社／1994／現在、品切

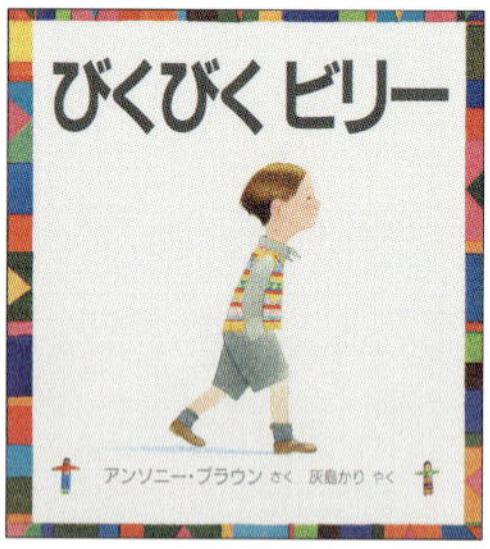


びくびくビリー

ビリーはとっても心配症。パパやママが慰めてくれてもびくびくしています。そんなビリーにおばあちゃんが心配引き受け人形をくれました。今でもグアテマラの子ども達は、心配引き受け人形が心配事を取り除くと信じているそうです。

　アンソニー・ブラウン／灰島かり(訳)／評論社／2006

## 中南米はヨーロッパとアメリカ大陸の多様な文化が混在している

日本人移民が多いブラジル。遺跡の宝庫グアテマラ、ペルー、チリ。南アメリカ大陸は山脈、高地、ジャングル、パナマ運河、氷河などの大自然、いろいろな文化が交錯しています。

ブラジルは日本から見るとちょうど地球の反対側にあります。養鶏を行って、卵や鶏肉を重要な食材にし、野菜を食べる習慣を伝えたのは日本人です。

**『セシのポサダの日　クリスマスまであと九日』**は、メキシコのクリスマスについて書かれた絵本。インディオの文化とスペインの文化がまじり合ったポサダ。子どもたちは自分のピニャタを割るのを楽しみに過ごします。

**『ガラシとクルピラ』**は、アマゾンのジャングルの中で暮らす部族の話。森や動物を守るクルピラにまつわる話はブラジル全土に伝えられています。

**『びくびくビリー』**に出てくる心配引き受け人形は、今では世界中に知られています。

和の行事えほん　秋と冬の巻

ウサギ、クマ、キツネ、タヌキの家族が日本の伝統行事を楽しみます。行事のほか各月の祭りや旬のものなど親しみやすい絵で説明しています。秋と冬の巻は９月から。３月から始まる「春と夏の巻」もあります。

高野紀子／あすなろ書房／2007

せつぶんだ　まめまきだ

節分の前の日、イワシを焼く煙で鬼を追い出します。当日はイワシの頭と柊を戸口に飾り、子ども達は歳の数だけ大豆を食べて厄払いをする豆まきの由来話です。

桜井信夫（作）／赤坂三好（絵）／教育画劇／2000

天人女房

年に一度、７月７日だけ会うことができる織姫と彦星。この昔話は日本全土にあり、この絵本の話は奄美諸島を中心に伝承された原話に基づいています。「羽衣伝説」ともいわれ、七夕祭りの由来話になっています。

稲田和子（再話）／太田大八（絵）／童話館出版／2007

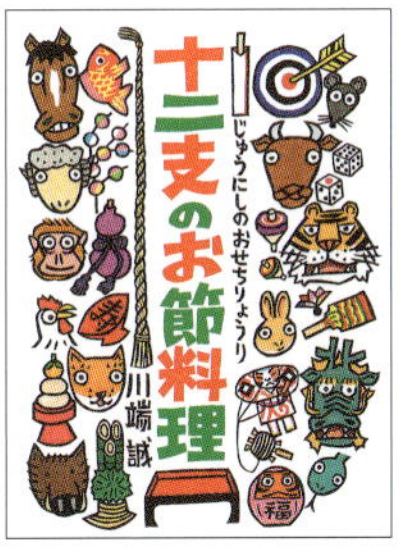


十二支のお節料理

大晦日、新年を迎える準備を年神様がきめた動物達が始めます。家の掃除、飾り付け、餅つき、食材集め、道具や器を揃え、料理の盛り付け、年越しそばを食べ、一夜明けて十二支達は着物姿で膳の前に座りお正月を祝います。

川端誠／ＢＬ出版／1999

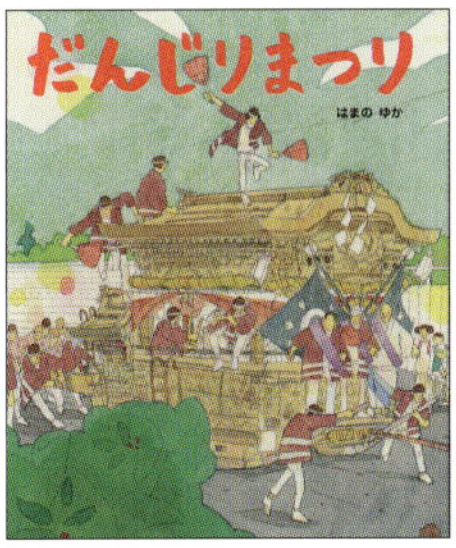


だんじりまつり

３歳のりょうくんは「お父さんみたいにだんじりの上で太鼓を叩きたいな」と思っています。ある日祭りのはっぴを着たお父さんを追いかけて街に飛び出し、迷子になってしまいます。泉州の勇壮な祭りを楽しみにしている親子の情景が描かれています。

はまのゆか／ポプラ社／2005

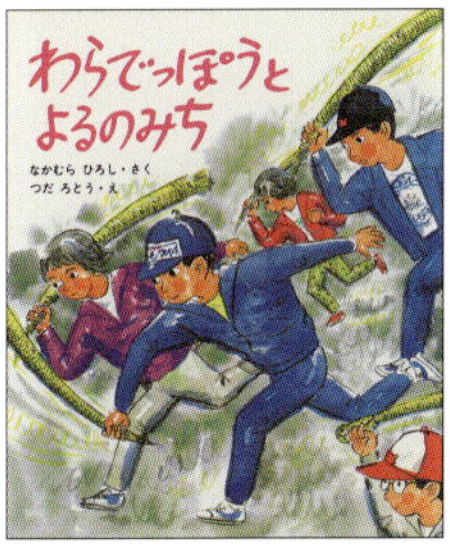


わらでっぽうとよるのみち

群馬県の北西部にある六合村に今も伝わる行事の十日夜。健康に感謝し収穫を祝います。子ども達は来年の豊作を願い、モグラよけのわらでっぽうで地面を叩いて村中の家をまわります。

なかむらひろし（作）／つだろとう（絵）／リーブル／1991

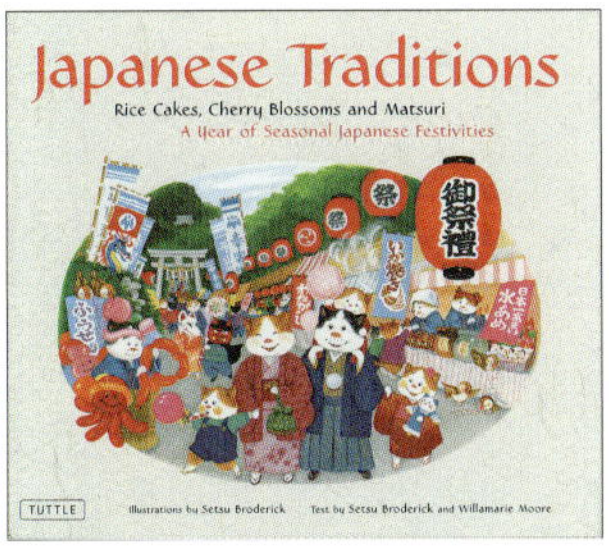


Japanese Traditions

セツ・ブロデリック＆ウィラマリー・ムーア（作）／セツ・ブロデリック（絵）／チャールズ・イー・タトル出版／2010

## 大切に伝えていきたい行事

保育所や幼稚園では伝承行事を楽しみますが、家庭ではどうでしょう。

『和の行事えほん』はひな祭り、端午の節句、七夕、お月見、秋祭り、七五三、お正月などに加え、お彼岸や敬老の日の説明もあります。各月の気象、草花、旬の食べ物などもわかりやすく書かれています。

左の絵本は英語で書かれた行事の本です。五〇年前の日本の田舎の暮らしをネコの家族の生活を通して紹介しています。作者は、子どもの頃の行事に関わる幸せなひと時を読者と共有したいと書いています。

生活にリズムと変化をもたらす伝承行事を見直し、子どもと一緒に楽しみたいものです。

ペレのあたらしいふく

ペレは子羊の毛を刈り、その毛をおばあさんに糸に紡いでもらう代わりに牛の番をしました。糸を染めてお母さんに布に織ってもららう代わりに妹のお守りをし、仕立て屋さんに洋服を縫ってもらう時は何をするのでしょうか？

エルサ・ベスコフ(作・絵)／おのでらゆりこ(訳)／福音館書店／1976

にぐるまひいて

10月、父さんは１年間の収穫物と家族が作ったものを荷車に積んで市場に売りに行きます。品物を売ったお金で家族の一人ひとりにお土産を買い、また遠い道のりを帰ります。

ドナルド・ホール(文)／バーバラ・クーニー(絵)／もきかずこ(訳)／ほるぷ出版／1980

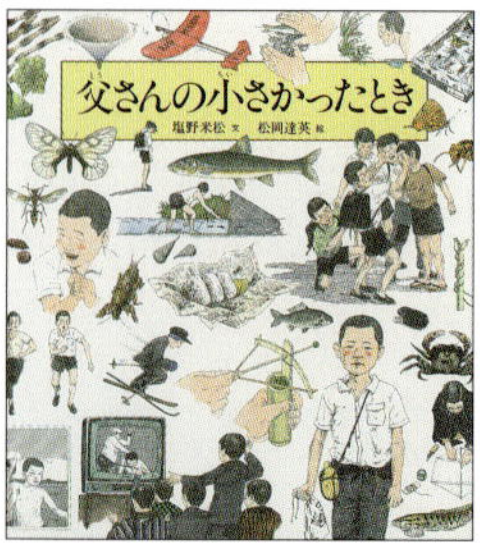


父さんの小さかったとき

40～50年前の日本の暮らしや懐かしい子どもの遊びを紹介した本。魚やトンボの捕まえ方、ゴム鉄砲の作り方など、懐かしい遊びが満載です。父さんが好きだった昔の料理、スキーやソリ遊びも載っています。

塩野米松(文)／松岡達英(絵)／福音館書店／1988／現在、品切

からすたろう

チビと呼ばれていた男の子はみんなに無視されていました。いそべ先生は男の子がカラスの鳴き声を上手にできる理由を話しました。それからみんなは彼を「からすたろう」と呼んで、一目おくようになりました。

やしまたろう／偕成社／1979

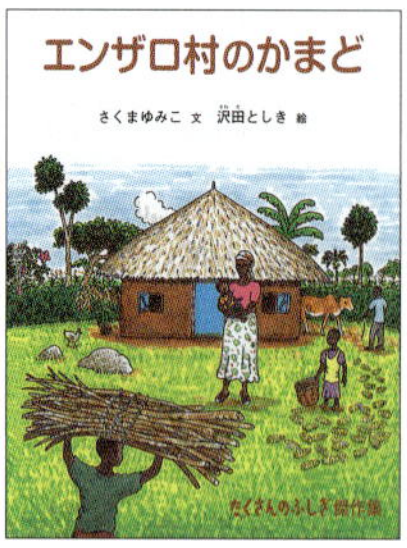


エンザロ村のかまど

30年もケニアで生活改善に取り組んでいる岸田袈裟さんの話。彼女が教えたエンザロ・ジコというかまどは、昔岩手県の遠野で使われていたものです。沸かした水が飲めるようになり乳児死亡率が減少し感染症予防の効果を挙げました。

さくまゆみこ(文)／沢田としき(絵)／福音館書店／2004

生命の森の人びと

ビルマ北部のカチン族は昔ながらの狩りと焼畑式農業で暮らしています。自然の恵みに感謝し畏敬を持ち森の暮らしの知恵や方法、民族に伝わる生死の営みなどを子どもに語り継いでいきます。家族団らんのようすは昔の日本と同じ。

吉田敏浩／理論社／2001

## 人の暮らしに必要な基本は、今も昔も変わらない

キャンプで薪を燃やして食事の用意をしたり、テントで眠ったりする活動は、自然と向き合って生活することができます。子どもと一緒に昔の暮らしのことを描いた絵本を楽しみ、実際に体験して暮らしの基本である昔の生活のことを家族で話題にしたいものです。

**『ペレのあたらしいふく』**では最初に材料をどのようにして手に入れるのか、次に多くの人の作業工程を経て一つの製品に仕上がるのです。また人にものを頼むには、自分もその人のために役に立つことが大切だという生活のルールを教えます。

**『にぐるまひいて』**は家族みんなで助け合う農村の生活を描いています。一年間に作ったローソクや羊毛のショール、りんごなどを全部売りに行き、生活に必要なものを買って帰り、また新しく作り始めます。

**『エンザロ村のかまど』**の岸田さんは栄養学が専門、ＪＩＣＡのボランティアとして人口抑制教育のために派遣された人です。日本でも昔は炊事はかまどで行い、暖房用燃料のほとんどが山奥で作る木炭でした。

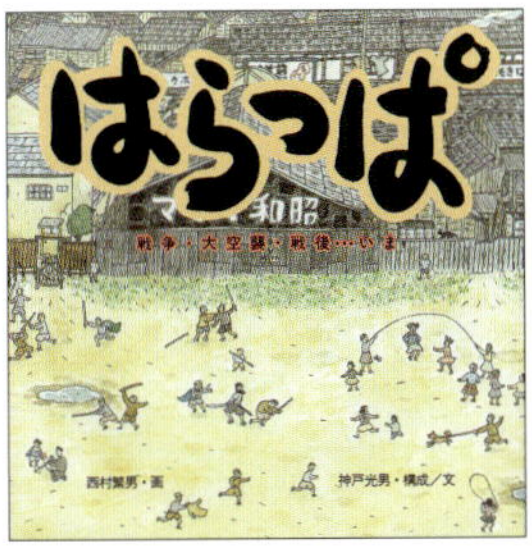


はらっぱ　戦争・大空襲・戦後…いま

町のかたすみのはらっぱを昭和９年から東京大空襲を経て戦後の復興と現代までを定点で記録しています。

神戸光男（構成・文）／西村繁男（画）／童心社／1998

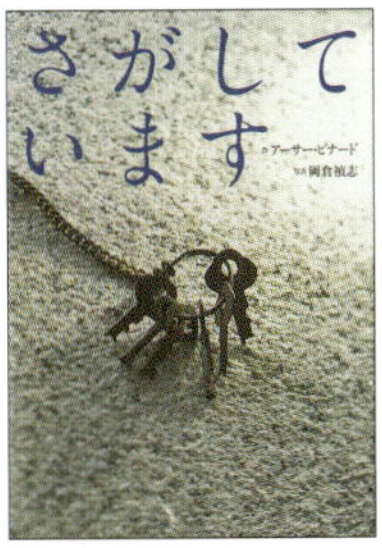


さがしています

「いただきます」をさがしているお弁当箱、「いってきます」をさがしている靴。使ってくれていた人を失い、自分の役割りが止まってしまったものたち。詩が語り、写真が広島の８月６日を伝えています。

アーサー・ビナード（作）／岡倉禎志（写真）／童心社／2012

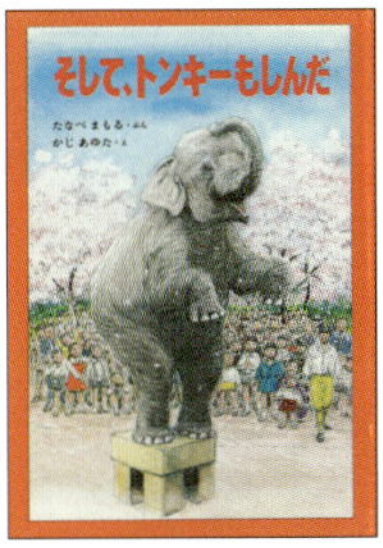


そして、トンキーもしんだ

ＮＨＫ特集『そして、トンキーもしんだ――子が父からきくせんそうどうわ』の絵本版。上野動物園の福田三郎さんの日記と飼育日誌をもとに制作された絵本。戦争中には全国の動物園の大型動物がたくさん犠牲になりました。

たなべまもる（文）／かじあゆた（絵）／国土社／1982

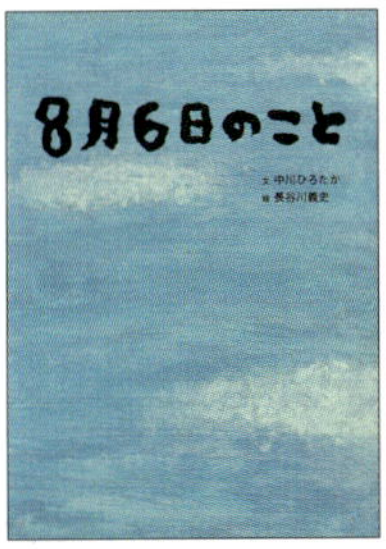


８月６日のこと

広島で衛兵をしていたお母さんの兄さん。原爆投下の１週間後、お兄さんにお弁当を届けに行きましたが、もう会えませんでした。作者の中川さんのお母さんの体験です。

中川ひろたか（文）／長谷川義史（絵）／河出書房新社／2011

お母ちゃん お母ちゃーん むかえにきて

「子どもは集団疎開をして、お国のために尽くさなあかんねん」と、勇ましい兵隊のような気持ちで島根県に疎開したが、土地の子どもとのけんかと空腹のつらさ、シラミやノミに嚙まれる辛く苦しい作者の疎開生活の実話。

奥田継夫（文）／梶山俊夫（絵）／小峰書店／1985

ツルとタケシ

沖縄の宮古島の話。父親は出兵し、妹のツルは太平洋戦争が始まった年にハンセン病に罹り療養所に入れられます。タケシはハンセン病による差別を受けながら、大切な家族の母親と妹を亡くします。迫力のある版画絵に圧倒されます。

儀間比呂志／清風堂書店／2005

## 戦争について知り、平和な暮らしを考える

戦争は重いテーマですが、保護者や子どもに関わる人たちに知ってもらいたい、伝えて欲しい絵本です。

実話が絵本になった**『そして、トンキーもしんだ』『お母ちゃん お母ちゃーん むかえにきて』**は戦争の犠牲になった動物や人の話です。作者の奥田さんは疎開中に「戦争はかっこうのいいもんでも、勇ましいもんでもない」とわかります。父親は戦死、会いたくてたまらなかった母親と妹を大空襲で亡くし一人ぼっちになってしまいます。

広島に原爆が投下された日の話**『8月6日のこと』**、広島平和記念資料館に所蔵されたものたちの写真集**『さがしています』**を紹介します。戦争という非常事態の中、ハンセン病のため偏見や差別を受け、マラリアで妹を亡くす**『ツルとタケシ』**は、儀間さんの美しい版画絵本です。

昭和九年から現代までの日本の街の移り変わりを描いた**『はらっぱ』**。子どもが遊んでいた「はらっぱ」は昭和二〇年に焼夷弾で焼け野原になりました。

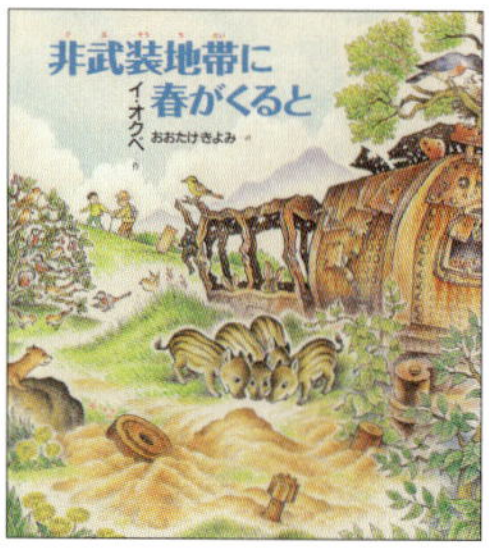


非武装地帯に春がくると

朝鮮半島は南北に分断され、非武装地帯に鉄条網が張られ人は行き来できません。おじいさんは展望台に登り、四季のうつろいの中で故郷の北朝鮮を眺めます。日・中・韓の絵本作家が子ども達に贈る３カ国同時出版の平和絵本。

イ・オクベ／おおたけきよみ（訳）／童心社／2011

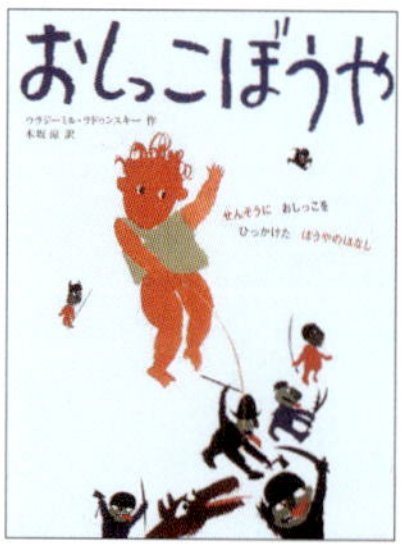


おしっこぼうや

「小便小僧」の由来の話。平和な町に突然戦争が起こり、パパやママと離れ離れになったぼうやが、戦争をする大人たちにオシッコをかけて争いを止めさせるという痛快な話です。

ウラジーミル・ラドゥインスキー／木坂涼（訳）／セーラー出版／2003

おとうさんのちず

戦争のために食べるものもない暮らしの中で、お父さんが買ってきたのは食糧ではなく地図でした。１枚の地図が子どもに生きる楽しみを与え、地図を見ながら想像する旅が心の栄養となる話です。

ユリ・シュルヴィッツ／さくまゆみこ（訳）／あすなろ書房／2009

アンナの赤いオーバー

第２次世界大戦中激しい戦闘があったポーランドの母と娘の実話。戦争で何もない中、赤いオーバーを作るために農村の人びとが助け合い、国の再建を願います。

ハリエット・ジィーフェルト（文）／アニタ・ローベル（絵）／松川真弓（訳）／評論社／1990

ともだちのしるしだよ

ペシャワールの難民キャンプの支援物資の中から、リナとフエノーロサはサンダルを片方ずつ見つけ，毎日交替で履きました。リナはアメリカに移住する際、「ともだちのしるし」に、サンダルを片方ずつ持つことにする友情の話。

カレン・リン・ウィリアムズ、カードラ・モハメッド（作）／ダーグ・チャーカ（絵）／小林葵（訳）／岩崎書店／2009

エリカ　奇跡のいのち

第２次世界大戦中に多くのユダヤ人が殺されました。収容所行の列車の窓から、一人の母親が赤ちゃんを外に投げました。赤ちゃんは親切な村人に育てられ大人になりました。実話を元に書かれた絵本です。

ルース・バンダー・ジー（文）／ロベルト・インノチェンティ（絵）／柳田邦夫（訳）／講談社／2004

## 恐ろしい戦争が起きないように、世界中が平和でありますように

人類はなぜ戦争をするのでしょう。残念なことに、今も戦争をしている国があります。戦争は住む家を破壊し、食べるものもなくなり、親子が離れ離れになるなど悲惨な暮らしをもたらします。

第二次世界大戦ではヨーロッパ中が戦場となり、何百万人もの人の命が奪われました。戦争のことを忘れないように絵本もたくさん書かれています。

『アンナの赤いオーバー』では、アンナのオーバーを作るために、お母さんはランプと引き換えにおばあさんに羊毛を紡いでもらいました。コケモモをアンナと一緒に森で摘み、毛糸を赤く染めました。ガーネットのネックレスと引き換えに布地に織ってもらうのです。最後にティーポットと引き換えに仕立て屋さんに縫ってもらい、ようやく赤いオーバーができました。お母さんはオーバーを作ってくれた人たちをクリスマスに招待し、皆はオーバーを着たアンナと平和なクリスマスを喜び祝いました。

日本でも第二次世界大戦後は、着物や生活道具を食料と交換する暮らしでした。

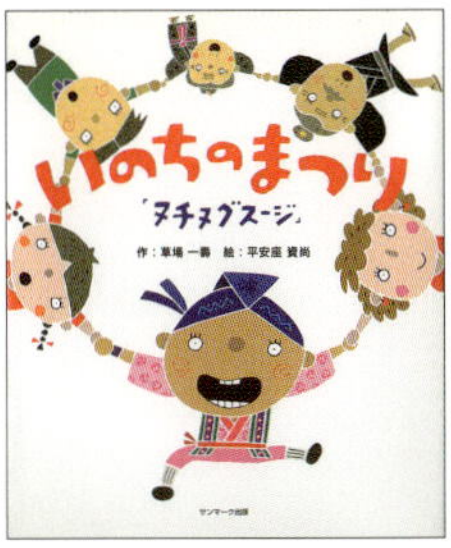


いのちのまつり　「ヌチヌグスージ」

「命をくれた人はご先祖さま」とオバアが教えます。沖縄では春になると、大きな石の家のような墓の前で親戚中が集まり先祖に感謝をする「命のまつり」をします。光り輝く命の物語。

草場一壽(作)／平安座資尚(絵)／サンマーク出版／2004

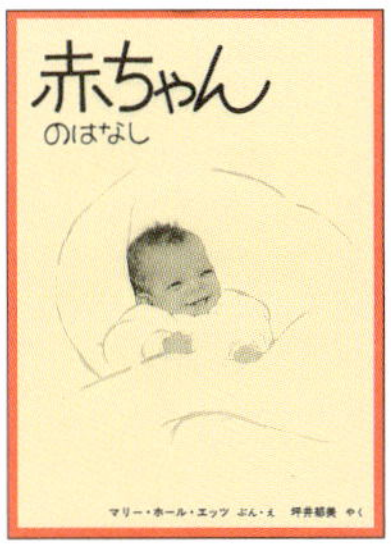


赤ちゃんのはなし

人間や動物の生命の誕生をわかりやすく説明しています。胎児が母体とヘソの緒でつながって成長するようす、生まれた赤ちゃんが成長していく喜びを科学的に解き明かしています。子どもと一緒にじっくり読みたい本です。

マリー・ホール・エッツ(文・絵)／坪井郁美(訳)／福音館書店／1982

あかちゃんのゆりかご

赤ちゃんが生まれるのを家族中で喜び、期待する気持ちを踊るような楽しい絵で表現しています。赤ちゃんのために家族それぞれの思いでゆりかごを仕上げていくのは欧米の文化です。

レベッカ・ボンド／さくまゆみこ(訳)／偕成社／2002

だいすきなもの――ネパール・チャウコット村のこどもたち

ヒマラヤ山脈のチャウコット村の子ども達の大好きなものは、土・地面・踊る・歌う・描くなどです。小さなことが魔法のように力を持ちます。

公文健太郎(写真)／偕成社／2007

ぼくじょうにきてね

「私の家は牧場、遊びに来てね」。大きな哺乳瓶を抱えた５歳の女の子が、自分の手を仔牛に吸わせながら引っ張って行く表紙に驚きます。牛から搾る牛乳も街で買う牛肉も私達の命をつなぐ大切な食料であることに感謝したい。

星川ひろ子・星川治雄(写真・文)／ポプラ社／2005

いのちのおはなし

医者の日野原さんは黒板にチョークで長い線を書き、「命とは、みんなが生きている間に持っている時間だ」と言います。その時間をどのように大切に使うかを考えるという話。読み手の目が覚める思いになる本です。

日野原重明(文)／村上康成(絵)／講談社／2007

## 「いのちってなあに？」
### いのちは私達の持っている時間のこと

『**いのちのおはなし**』で命のある場所は、心臓でも頭でもなく、「私達が生きている間中続く時間のこと」。この一〇一歳の作者の言葉は、なんとすっきりと納得できる説明なのでしょう。

写真絵本はどれも生活感やリアリティがあり読む人に迫ってきます。『**ぼくじょうにきてね**』で、仔牛に自分の手を吸わせている女の子が五歳と知り、生活の中で育まれる逞しい力と勇気に感嘆しました。モンゴルでも五歳になると山羊や羊を与えられ、責任を持ち世話をするそうです。子どもの育ちには、生活に根ざした実体験が重要なことを教えてくれます。

自分の身近にある土、空、山が好きと言うネパールの子ども達の『**だいすきなもの**』。日本の子どもの大好きなものは、パソコンゲームや電池式の精巧な遊具、テーマパークへ出かけること。この現実を、「これでいいのか」と考えさせられます。大人の子どもへの思いは、お金や物ではなく共に体験した感動を伝えていきたいものです。

# 第 2 章
# 多文化絵本と子どもの育ち

多文化の中で豊かに育つ子ども

## (1) 子どもの成長を描いた多文化絵本

### 一つの国の中の多文化――一つの国を一つの文化で決めつけない

多文化絵本の視点は、一般的には多くの国々や地域において、政治・経済・文化・風俗・習慣の違いが、どのように絵本という文化財に反映されているか、という理解が一般的であろうと思います。

しかし、私は本稿において、同じ国や地域に住みながらいかに異なった生活や文化が存在するのか、逆に、異なった国に住みながらも同じような文化が存在することに、あえて焦点を当ててみたいと思います。わが国の中でも、大都市と地方都市、さらには限界集落に住んでいる高齢者の暮らしなどは、まことに異質なものです。その国らしさは、大都市に住むメディア関係の職業人が発信する情報の量だけできまるものではありません。

この視点に気がついたのは、『**ぼくのアフリカ**』（メンネン、ダリー／文、マリッツ／絵、わたなべしげお／訳、冨山房、一九九三年、現在品切）に出会った時でした。アフリカ大陸の一番南の端にある大きい街（ケープタウン?）に住む、少年アシュラフは、ライオンもシマウマも住んでいない大きな都市に住んでいます。

「たくさんの　ビルや　いえが　たちならび」、

「いろいろな　じどうしゃが　はしりまわり、おおぜいの　ひとびとで　にぎわっています」。

このあたりの都市の描写は、日本の大都市とほとんど変わりありません。彼は、野性の動物たちのことを知りたくなると、図書館から本を借りて読みます。「としょかんは、しずかで　すずしくて、すきな　ほんを　いくらでも　えらべる　ほんの　ジャングルです」。日本の都市に住む子と少し異なるのは、図書館を「本のジャングル」にたとえることだけかもしれません。

アフリカの絵本といえば、昔のままの部族の人びとの暮らしや野性の動物の生態が、その象徴的な存在として前面に描かれることが多いのですが、それは読み手に大きな誤解を生じさせるかもしれません。

一つの国や地域の特徴を一冊の絵本で表そうとすると、最先端で突出したものに興味が集中したり、もしくはその反対に、歴史の中で今ではほとんどすたれてしまった古い痕跡（昔話や民話など）に郷愁を感じたりすることがありますが、いずれの視点も時間軸の流れの中のほんの一点をつつくに過ぎないでしょう。

文化がどのように変遷するのかを眺めるときに、時間軸で並べて近代化や都市化を、より「発展した」ものと位置づけ、そうでない国や地域を「発展途上」とすることを見直さなければならない時期にきているかもしれません。「発展」することは、何かを喪失することであり、喪われたものの中にこそ人が生きる上で大切なものがあるかもしれません。現在、一人ひとりの異質な個性をもつ人間が豊かな人生を生きるための発達哲学を新しく創造すべき時期にきていると思われますが、そのためには、もっと多様な文化観と人間観の創出が望まれるでしょう。変化とは発達なのか？　発展なのか？　喪失なのか？　じっくりと考えるべき時期に来ているようです。

### 歴史を整理するための単一時間軸と多文化主義

この問題を比較し考える上で、とてもわかりやすいのが次に紹介する二冊の絵本です。一つはアメリカで一九四二年に出版された（翻訳は小型版一九五四年、大型版一九六五年）『**ちいさいおうち**』（一九頁）です。

バートン（一九〇九～一九六八年）にとっては、この絵本でアメリカの一九世紀半ば頃からの一〇〇年間の時の推移を、子ども達にどうやって伝えるかが課題でした。もう、このあまりにも著名なコールデコット受賞作品を解説する必要はないでしょう。「むかしむかし、ずっといなかのしずかなところに　ちいさいおうちがありました」から始まり、都市化の波の中で、周辺の環境が自動車でうまり、地下鉄の出現や大型ビルディングの乱立へと変貌していくようすが、細かくダイナミックに描かれています。そして、最後には再び「ちいさいおうち」は、ヒナギクの咲く静かな丘の上へと引っ越します。

「この本には、わたしたちが自然や簡素な生活方式から遠ざかれば遠ざかるほど、幸せでなくなる」というメッセージを読みとる読者が多いのですが、バートンもその通りであることを願っていました[1]。

アメリカの市場経済の発展が急激に進む中で、人びとの暮らしは便利で物が豊かになり、それはまた繁栄の象徴としても語られることが多いものです。まさにその時代を同時進行で体感しつつも「それは幸せではない」と述べるバートンの壮大な歴史的パースペクティブには、二一世紀の今日においてますますその意味が重要性をおびています。

さて、もう一冊は、『ちいさいおうち』から四〇年後に出版された絵本**『わたしの村わたしの家――アジアの農村』**（渡辺茂男／編・訳、アジア地域共同出版計画会議／企画、ユネスコ・アジア文化センター／編、福音館書店、一九八一年、現在、品切）です。

この絵本は、巻末の解説によれば当時ユネスコに加盟していたアジア一五カ国の村々の生活が、それぞれの国の作家・画家により各二見開きずつ描かれたものです。それゆえ、それぞれの国の「民衆文化」をよく伝えていると述べられています。

おそらくは、一九七〇年代の農村が描かれたものであり、四〇年を経た現在では機械化や電化など、多少の変化はあるかと思います。どの国の農村でもお父さんは早朝から畑や田んぼで農作業を開始しています。お母さんは、子ども達の朝ご飯や水くみなど、家族の世話に大忙しです。日々の暮らしをすべて手作りで積み上げていくことの困難さと充実感が、静かに描写されています。

どの国の家族にも赤ちゃんがいて祖父母の存在も目立ちます。父母は、子ども達にしっかりと学校で勉強するように促し、宿題を忘れないように気を配ります。まだ、電気のない家庭もあり、そこではランプが輝き、電池式のトランジスタラジオを家族全員で聞く国々もたくさんあります。当時、テレビが普及し始めていたのは東アジアでは中国・韓国・日本くらいです。

夜は家族全員がそろって食事をして、それぞれが今日一日を語り合う楽しい団らんの時間です。子ども達は、父母の仕事をよく手伝い、幼い弟妹や赤ちゃんの世話も一人前にします。

夜になると、外はもう真っ暗で虫の声やフクロウの鳴き声、小川のせせらぎの音しか聞こえません。朝の早い農村の生活は、夜ふかしの習慣もなく、家族は早寝早起きのリズムで生活をします。高度経済成長の破綻の後、わが国では新しい安全・安心と自給自足の農業の復活が大きな課題になっています。

東アジアでは、都市化・工業化・市場社会の発展を基軸に、国づくりが推進されてきましたが、「商品を売って金を儲ける」という市場経済は先進諸国では行き詰まり、今や金融資本主義という金融操作の綱渡り

になってしまいました。

それぞれの国が、国という単位で囲まれる時代は終わろうとするとき、農業・酪農・漁業・林業などの一次産業が地球規模で新たに脚光を浴び始めています。それは、人びとの暮らしと家族のあり方に落ち着きを取り戻すための文化の再構築につながる機会でもあるでしょう。

### 子ども達に牛乳が手に入るまでの二つの文化（生産者と消費者）

大きな都市に住んでいて、父母が雇用労働者として働いていると、必要な物はすべてお金を払い購入するという消費者の生活になります。子ども達も消費文化の中にどっぷりと浸りきり、すべては受け身の生活へと感性が切り替わってしまいます。

二冊の絵本を通して具体的に眺めてみましょう。

**『ぼくじょうにきてね』**（二五頁）の表紙に最初に出合ったとき、私は軽いカルチャーショックを受けました。白い半袖のTシャツに赤い短パンをはいた少女が、巨大なゴムの乳首をもつ大きな哺乳瓶を左手で抱え、右手を自分よりも大きな仔牛の上あごに半分ほど挿入しつつ静かに誘導して歩いています。少女の自信に満ちた笑顔と、上あごを引っ張られながらも安心してついて行く仔牛の表情の穏やかさ。中表紙を開けた最初の見開きには、「あたしは　まどか　5さい。おにいちゃんは　たもつって　いうんだ。　あたしのうちは　ぼくじょうなの。」という文章があり、読み手はこの少女の年齢を知ります。うーん、五歳なんだ！

桜が満開の広い牧場では牛がのんびりと草をはみ、まどかとたもつは牧場の柵越しに青い草を一頭の牛の口に運んでやっています。その姿は、まるでネコと戯れるかのように軽やかで自然そのものです。次の見開きからは、パパが一日二回乳搾りをすることや毎日の牛の世話や季節ごとの忙しい作業などが、詳しく写真と文章で描かれています。

兄は新しく生まれた仔牛に愛らしい花柄の鈴を付けてやり、妹は「うまれて　すぐ　おかあさんと　べつべつになる」仔牛のために大きな哺乳瓶でミルクを飲ませてやります。

ミルクが一杯に詰まった哺乳瓶は重く、少女は夢中で吸い付いてくる仔牛のために全身で踏ん張り、飲み終えるまで両腕で懸命に哺乳瓶を支えます。

「あたし、たまのおかあさんになってあげるね」。それは、ごっこ遊びの世界を遥かに超えた責任を伴う現実の仕事なのです。

仔牛の可愛いしぐさに手を打って笑ったり、牛小屋のお掃除に時間を費やしたのもつかの間、雄である仔牛は肉牛として売られてゆくことになります。

仔牛がトラックに乗せられていく姿を見送る兄妹の小さな後ろ姿。「さよなら」と、左手を静かに振る妹。お兄ちゃんの左手には、今、仔牛の首から外したばかりの鈴がしっかりと握られています。

パパはトラクターの座席にまどかを乗せて、自分も子どもの頃、牛が死んだり売られてゆくのが悲しかったことを話します。パパは「そうだ。まどか、こんど　ちちしぼり　やってみるかい？」と、新しい仕事に誘

います。

　絵本の山場である第一三見開きには、画面全体を使って夕陽に染まってたたずむまどかの姿がカメラでとらえられています。彼女は雄大な宇宙の時間に浸りながら、仔牛が生まれてから今日の別れまでのことをどのように心の中に収めたのでしょうか。金色の光を浴びていた時間が、一瞬だったのか三分だったのかはわかりませんが、昼から夜の暗闇の時間へと移るスキマの時間が、大人と同じように幼い少女にとっても思索の時間であることには変わりはありません。

　さて、まどかが絞った牛乳は、都市に住む少女の手にどのようにして届けられるのでしょうか。

**『はじめてのおつかい』**（筒井頼子／作、林明子／絵、福音館書店、一九七七年）は、出版以来多くの読者を獲得している絵本です。

　お母さんから「みいちゃん、ひとりで　おつかい　できるかしら」と問いかけられた少女は、「ひとりで！」と跳び上がります。いままで一人で出かけたことなど、一度もなかったからです。でも「うん！　みいちゃん、もういつつだもん」と自分を納得させ、初めてのおつかいに挑戦することを決心します。

　みいちゃんは、ママから百円玉を二つもらうとしっかりと握りしめて家を出ます。途中で転んでお金が行方不明になるなどのアクシデントに見舞われながらも、坂の上のいつもの小さなパン屋さんへとたどり着きます。お店には誰もいなくて「ぎゅうにゅう　ください」と言うのですが、小さな声なので誰も出てきてくれません。

　せっかく早く来ているのに、割り込んできた黒めがねのおじさんや太ったおばさんが「ぺちゃくちゃ　ぺちゃくちゃ」としゃべりまくり、出てきたお店のおばさんはみいちゃんには気づいてくれません。それでも、再び店の奥に戻ろうとするおばさんに、自分でも驚くくらいの大きな声で「**ぎゅうにゅう　ください！**」と言うことができました。

　やっと手に入れた牛乳が嬉しくて、みいちゃんはお母さんと約束をした「おつりをわすれないこと」もどこへやら、脱兎のごとくお店を駆け出しました。おばさんは、はあはあ言いながら後を追いかけてきておつりを渡してくれます。街に住む五歳の少女のささやかな初めての「冒険」は、無事に終わりました。

　読み手は、この二冊の絵本の主人公が同じ五歳であることを知ると、深い感慨にとらわれます。生産者の文化と消費者の文化の違いです。私が子どもの頃の半世紀前までは、家業を手伝う子ども達は数多くいて、貧しいながらも必要とされる働き手として子ども達はしっかりと生活の中に足場を築いていました。すでに、幼児期から子ども達の確かな人生は始まっていたのです。

　しかし、現代の子ども達（青少年）はいつまでも社会へデビューする前の「待機児童」として扱われ、要求されることは「学力」だけになってしまったのでしょうか。そこでは何が得られ、何が喪われるのでしょうか。

### おばあちゃんの文化

　ここでいうおばあちゃんの文化とは、伝統的な性別役割分業のしっぽを引きずる絵本ではありません。『ちいさいおうち』のところで述べましたように、一九世紀末から二〇世紀を中心に北半球の「先進諸国」と言われた国々が市場経済で国を引っぱり、現在、行き詰まりの時代を迎えています。そこでは、新しい人びとの生き方や暮らしの基軸を模索する中で、「先進性」が捨て去った価値観の再検討が始まっています。

　言うまでもなく、市場経済の時代は競争主義の時代であり、企業だけではなく学校教育も家庭の子育ても、他者と競い「一歩でも先へ行く」という信仰に隅々まで侵され、それはまた男の文化でもありました。この一〇〇年間は経済を握る男の時代であり、女性や子どもがじっくりと味わう日常の幸せは弱者の価値観であり、あまり尊重されることはありませんでした。

　たとえば、時間の概念ですが、時計の時間が国際的にも統一基準となったのはそれほど昔ではありません。今でも時計の時間とは無縁に生きている人々は多いのです。北半球を中心にした国々において、時計の時間が生活を支配し始めたのは、一九一二年にパリで行われた国際会議がグリニッジ子午線の標準時を採用したときからだと言われています。近代化、電気通信システムの整備と発達、国際間の緊密な経済的・文化的なネットワークの構築などが拍車をかけたのです。

　さらに、地球上を覆うネットの網は時計の時間を破壊し、それに煩わされる必要がなくなったため、「しごと」のスピードはますます早まっていきます。

　さて、そんなとき**『おばあちゃんの時計』**（マッコリーン／文、ランバート／絵、まつかわまゆみ／訳、評論社、二〇〇二年）では、故障したまま放置されている時計の物語が描かれています。

　「おじいさんの時計」は、大きなフリコの大型箱時計であり、人気があり有名な歌もあります。おばあちゃんの時計は、同じ形ですがやや小ぶりな大きさの箱時計です。

　孫の少女がおばあちゃんに「なおしたほうがいいんじゃない」と言うと、おばあちゃんは「こんなにたくさん、ほかに時計があるのに」って言います。周りを見回しても時計など存在しないことを、おばあちゃんに告げると、おばあちゃんは次のように答えます。

　「一分は、おもったことを口にするあいだ。二分は本の一ページを読む間」。「毎朝、ことりの声が朝を、しらせてくれるし、…家いえのあかりが、またたけば、ばんごはん、きえれば、お休みの時間」。人の一生も、時計以外のさまざまなやりかたで計ることができると言います。「もし、おまえが、おばあちゃんぐらい、しあわせにめぐまれて、まごが、もてれば、ほら、じんせいは、ひとまわりさ」と言います。

　もっと長い時間は星々が教えてくれるし、日食や月食もある。星たちは、時というものが時計の中になんか収まりきれないことを教えてくれます。まさに時計の時間ではなく、自然とその一部である人の一生が物事を計る尺度になっているのです。私達は、時計以外に自らを律するための尺度を、もう一つ持つ必要があるでしょう。それは、生物の時間です。

　人間は生物であり、生まれやがて死を迎えます。八〇年ばかりの人生の中で、それぞれの成長期には必要な経験があり、その経験を十分に楽しみ、まっとうすることにより次の成長段階へと進みます。つまり「人生一回り」で、次の世代へとバトンは渡されるのです。それが人が生きるということであり、決して組織や金儲けの歯車として終わることではないでしょう。

　もう一冊、**『くじらの歌ごえ』**（一八頁）があります。おばあさんは、くじらに贈り物をするとくじらは歌を聞かせてくれると孫娘に語ります。それを聞いたおじさんは、「くじらがうたうだなんて　そんな　夢ものがたりを　このこの頭にいれるんじゃない」と批判します。

　しかし少女は、海岸で黄色い花をくじらのために放った夜、満月の海で多くのくじらが踊るのをひとりじっと見つめる機会をもちます。

くじらの歌声を聴くということは自らの内奥の声を聴くことと信じる祖母は、「もっとやくにたつことをきかせてやってくれ」というおじさんに逆らって、孫娘に語りかけます。このおばあさんとおじさんの対立は、過去の歴史が創り上げたジェンダーの論理を鋭く指摘しているようで、興味深いものです。

　目に見えるものだけを信じ、形ある物だけを追いかける暮らしは、人間が「考える葦」（パスカル）として生まれてきたことの証にはなりません。欧米の絵本にこのタイプの精神性の深いものが多く見られ、わが国の作家によるものがほとんどないことは、人間の生き方、子ども達の発達についての思想・観点に大きな違いがあることを暗示しています。人が幸せに生きるということは、得られた知識を形式的に整理・統合し自らの人生と切り離し対象化することではないでしょう。

　文化とは、目に見える違いを比較することだけではなく、目には見えないが言葉により共通認識できる新しい人間的な世界を掘り起こし、人間関係の面白さを充実させることではないでしょうか。

　私は、「当時テレビが普及し始めていたのは東アジアの中国・韓国・日本くらいです」と前述しましたが、今や高度成長を経た後の若者達が、テレビの騒々しさを嫌ってラジオに回帰したり、パソコンによるもっと個人的なコミュニケーションを選択するようになったことを思い出します。同じ家族の中でも、すでに「時代と歴史の一回り」を感じさせます。

**（佐々木宏子）**

**引用文献**

（1）光吉夏弥『絵本図書館』ブック・グローブ社、一九九〇年、四〇頁。

**参考文献**

佐々木宏子『絵本の心理学』新曜社、二〇〇〇年。

## (2) ハーフとして育つ息子に読む絵本

私は、チュニジア人の夫と四歳の息子の三人で東京に住んでいます。

絵本は子どもが生まれる前から少しずつ集め始めました。大半が日本語のものですが、夫の母国語であるアラビア語の本も数冊あります。一つは**『星の王子さま』**。オリジナルのフランス語とアラビア語の対訳がついています。結婚前にチュニジアの書店で購入したものです。もう一つはアラビア語版の**『うさこちゃんとどうぶつえん』**。会社の同僚のご家族がエジプト旅行に行った際のお土産なのですが、アラビア語の読めない自分が持っているよりもと、息子に譲ってくださいました。

残りの数冊はシリーズもので、パリ在住でご主人がチュニジア人という日本人の友人が、チュニジアから買ってきてくれた絵本です。小さなロバの物語で、アラビア語とフランス語で書かれています。原著はどこの国のものか不明ですが、モロッコ人の友人が見たことがあると言っていましたから、広く流通しているのかもしれません。

これらの絵本は息子がまだ○歳で言葉を話し始める前に夫が読み聞かせをしたことがあります。そのときにはキョトンとした表情で耳を傾けていました。

### わが家の絵本のこと

本格的に絵本の読み聞かせをするようになったのは一歳半頃でした。私が育児休暇を終えて復職してから通い始めた保育園で、息子は一～三歳の子ども達と一緒に絵本の読み聞かせに親しんでいましたから、家庭で読み始めたときには、かなりきちんと聞いていられるようになっていました。

その頃には自宅にさまざまな絵本が揃っていました。区役所が乳児のいる家庭に無料で絵本を贈る制度でもらった**『じゃあじゃあびりびり』**（まついのりこ、偕成社、一九八三年）。長く幼稚園に勤めていた叔母がきれいに保管していた**『三びきのやぎのがらがらどん』**（北欧民話、マーシャ・ブラウン／絵、せたていじ／訳、福音館書店、一九六五年）や**『まどから　おくりもの』**（五味太郎、偕成社、一九八三年）。通っていた保育園が毎月一冊ずつ園児にプレゼントしてくれる「ひかりのくにプチパオ」シリーズ。そして私の知人のカナダ人のおばあさんが、わざわざバンクーバーから送ってくださるトラックなど息子の大好きな乗り物の絵本。私自身も**『すてきな三にんぐみ』**（トミー・アンゲラー、今江祥智／訳、偕成社、一九六九年）や**『にじいろのさかな』**（マーカス・フィスター、谷川俊太郎／訳、講談社、一九九五年）、**『よあけ』**（ユリ・シュルヴィッツ、瀬田貞二／訳、福音館書店、一九七七年）といった、美しく上質な絵本を少しずつ買い足していきました。

最近では東京の阿佐ヶ谷にある児童書専門店「子どもの本や」から月に一度、二～三冊の絵本を送ってもらっています。申し込むと子どもの年齢に合った良質な本が毎月届きます。初回は**『まりーちゃんとひつじ』**（フランソワーズ、与田準一／訳、岩波書店、一九五六年）、**『パンやのくまさん』**

（フィービ&セルビー・ウォージントン（作・絵）、間崎ルリ子／訳、福音館書店、一九八七年）、**『おやすみなさい　おつきさま』**（マーガレット・W・ブラウン&クレメント・G・ハード、せたていじ／訳、評論社、一九七九年）の三冊でした。フルタイムで仕事をしていて、なかなか良い絵本を選ぶ時間がないので嬉しいサービスです。

## 親に読んでもらった絵本を息子に読む

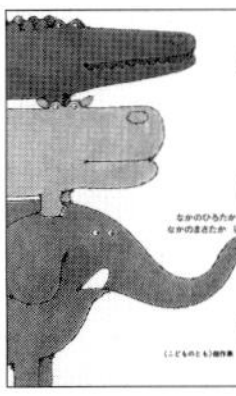

こんなふうにあちらこちらから集まってきますので、絵本はたくさんありますが、なかでもいちばん大切にしているのは私の母が大切に保管してきた私や弟の絵本です。**『ぐるんぱのようちえん』**（西内みなみ／作、堀内誠一／絵、福音館書店、一九六六年）、**『ぞうくんのさんぽ』**（なかのひろたか／作・絵、なかのまさたか／レタリング、福音館書店、一九七七年）、**『そらいろのたね』**（中川李枝子／作、大村百合子／絵、福音館書店、一九六七年）、**『くまたくんのおるすばん』**（わたなべしげお／作、おおともやすお／絵、あかね書房、一九七六年）、**『バーバパパのこもりうた』**（チゾン&ティラー、山下明生／訳、講談社、一九七六年）など、三〇年以上前に両親が読んでくれた本を今度は自分の子どもに読んであげることができるというのはとても幸運なことです。

「これはママが小さい頃にじいじに読んでもらっていた本なんだよ」と、息子に言ってもまだ反応は返ってきませんが、夫はかなり驚いていました。私自身、母がダンボール箱から次々に出してきたときには捨てずに取っておいたということももちろんそうですが、その状態の良さにとても驚きました。絵本を残してくれた母には感謝しています。

私が幼い頃、寝る前の読み聞かせの担当は主に父でしたが、父は既存の本に飽き足らず、自分で物語を創作して寝る前に聞かせてくれました。「小さな二匹のネズミの冒険談」だったと思いますが、話す度に少しずつストーリーが進んで、あるいは前回と少し内容が違っていたりして、そして話しながら父の声が徐々に小さくなって娘である私より先に眠ってしまったり…、といった情景がおぼろげながらも印象深く、しあわせな子ども時代の思い出として記憶に残っています。残念ながら創作の才能は遺伝せず、私はもっぱら本棚に並んだ絵本を片っ端から開いては、ほぼ原文に忠実に読み聞かせるだけですが。

ところで冒頭のアラビア語の絵本は残念ながら今のところ本棚にしまわれたままです。アラビア語の本は息子が理解せず、あまり興味を示さないのです。

## 二つの言語に触れて育つ

国際結婚の場合、どの言語で育てるかということはそれぞれの家庭にとって大きな問題の一つだと思いますが、わが家では今のところ日本語がメインです。二カ国語で育てると子どもが混乱するとよく聞きますが、バイリンガルとして育ててまったく問題のない家庭も多数ありますから、いろいろなケースがあるのでしょう。

わが家の場合、夫婦間ではこれまでアラビア語や日本語を取り混ぜて話しており、現在もそれは変わりませんが、子育てに対しては特にこれといった取り決めをしたわけでもなく、ごく自然に日本語が主な言語となりました。

夫の日本語は決して流暢ではないのですが、息子には一生懸命拙い言

葉で話しかけています。家庭の外で耳にする言語はほぼ一〇〇％日本語ですから、息子に対して父親ひとりがアラビア語を使うというのは、少なくともわが家では少々無理のあることなのです。

せっかく二カ国語を習得できる環境にあるのにもったいないと思われる方もいるかもしれません。けれど夫も時折簡単なアラビア語の単語を教えていますし、電話でチュニジアの家族と話す時には当然アラビア語で、息子はわからないながらもそれを耳にしていますから、どこかでそれは一つの言語体験として蓄積されていくのではないかと思います。将来、息子がもし自分の意思でアラビア語をきちんと学びたいと思ったときにそうした蓄積をベースにすればよいと、今はおおらかに考えるようにしています。

とはいえ、次回チュニジアに行った際には、ぜひアラビア語の絵本を何冊か買い求めたいと思っています。

チュニジアの高齢者の中には字の読めない人も多くいます。ここ数十年で教育レベルは飛躍的に上がりましたが、読書の習慣はそれほど広く社会に浸透していないのではないでしょうか。当然、絵本の世界もあまり成熟していないのではないかと思います。実際、息子の従兄弟にあたる夫の兄弟の子ども達が学校の教科書以外で物語を読んでいる姿を見たことはないように思います。

もちろん、どの国にも読書の習慣の少ない家庭はあるでしょうが、書店自体、私は先述の『星の王子さま』を買った首都チュニスにある一軒以外、それらしき店を見た記憶がないのです。

それでも日本にいる私が数冊所有しているくらいですから、まだまだ良い本はあるはずです。絵本の良いところは文字が読めなくても絵を見るだけでその本が上質であるかどうかが、ある程度わかるところだと思います。アラブ文化圏の豊かな子ども世界が感じ取れる絵本が見つかればいいなと思います。

### チュニジアの文化を伝える絵本が欲しい

絵本に限らず、チュニジアの子ども文化についてはもっとよく知りたいと思っています。ドラゴンボールやポケモンなどのアニメはチュニジアでも大人気です。アラブ文化圏のニュース番組として広く知られるアルジャジーラにも子ども番組があって、夫が息子にインターネットでその中のアニメ番組を見せていたこともありました。同様にディズニー映画のアラビア語版も息子は熱心に視聴していました。絵本と違って動く映像は言葉がわからなくても幼児の注意をひくようです。

夫は息子に対し、アラビア語という言語よりむしろ宗教の継承に熱心ですが、イスラム教の教えを子どもにもわかりやすく説いた本があるのかも気になります。キリスト教ではありとあらゆる年代に向けた本がありますが、偶像崇拝を禁じるイスラム教では絵画的に宗教を表現することはできないのかもしれません。

しかし、キリスト教のように聖書の教えを平易に説いた絵本がイスラム教のコーランにもあれば、イスラム社会から遠く隔たれた日本で育つ私の息子のような子どもでも、より自然にその教えに触れることができるでしょう。またそうした本があれば、日本人のイスラムに対する理解も深まるのではないでしょうか。

今の世界とイスラム／アラブ社会との関係は息子を育てるにあたっても無視できるものではありませんが、日本人が知らないがゆえに抱えるさまざまな誤解を解くためにも、絵本というメディアは他者でも入りやすい一つの扉になるのではないかと個人的には思っています。

現在は一方通行的に日本のアニメ文化がチュニジアで浸透している状況ですが、アラビア語の絵本を日本語に翻訳して広めることができれば、

日本人の異文化理解の一つの糸口になるのではないでしょうか。これはまだ私の空想の域を出ませんが、絵本には確かにその力があると思います。

（マトゥルーティまゆら）

## (3) パキスタンでの子育てと絵本の読み聞かせ

一九九五年二月、私は一歳一〇カ月の長男と実母と一緒に、夫の赴任先のパキスタンに渡航しました。

慣れない海外生活で初めての子育てに戸惑いながら、さらに外国での第二子出産まで経験することになりました。パキスタンのイスラマバードでは二年四カ月生活しました。そして、五年半後の二度目の海外生活は、三人の息子と実母とともにオーストラリアでの生活に始まり、スリランカ、パキスタンを巡りました。八年八カ月の海外での子育ての中で、私たち親子の楽しみはいつも「絵本を読み合う」ことでした。

わが家では、毎日子ども達が寝る前に絵本を読み聞かせるのが習慣でした。子ども達は本棚に置いてある絵本の中から自分の読んで欲しい本を選び、ベッドへ持ってくるのです。みんな自分の好きな絵本を選ぶので、いつも同じような絵本になってしまいます。三歳の長男のお気に入りはエリック・カールの大きな青虫のついた**『はらぺこあおむし』**（エリック・カール／作、もりひさし／訳、偕成社、一九八七年）、色彩豊かな魚が登場する**『にじいろのさかな』**（マーカス・フィスター／作、谷川俊太郎／訳、講談社、一九九五年）、いろいろな自動車が紹介されている**『じどうしゃ』**（寺島龍一／画、福音館書店、一九六六年）でした。長男は今年、高校三年生になりましたが、幼い頃に毎晩読んでもらった絵本のことをよく覚えていると懐かしそうに言います。

パキスタンで生まれた二男は、生後八カ月頃から**『いないいないばあ』**（松谷みよ子／文、瀬川康男／絵、童心社、一九八一年）が大好きで、ひらがなが読めるようになったお兄ちゃん（当時三歳）が読んで聞かせてくれることもありました。子ども達の好きな絵本は何度も繰り返して読んだのでしまいにはぼろぼろになっていました。また、**『すっきりうんち』**（七尾純／作、守矢るり／絵、あかね書房、一九八四年）**『はけたよはけたよ』**（かんざわとしこ／文、にしまきかやこ／絵、偕成社、一九七〇年）**『おおきなかぶ』**（A・トルストイ／再話、内田莉莎子／訳、佐藤忠良／絵、福音館書店、一九六六年）などが子ども達のお気に入り絵本でした。

在留日本人の少ないパキスタンの首都イスラマバードには「日本人幼稚園」がありませんでした。当時は毎週土曜日に、幼い子どもを持つお母さん方が現地の日本人会が管理する「日本人倶楽部」に子どもを連れて集まり、「なかよし幼稚園」という十数名の一日幼稚園が開催されていました。この幼稚園は、母親たちが交替で先生役を務めることになっていて、子ども達と一緒に歌を歌ったり、絵本の読み聞かせをしたりしました。それぞれの家庭の子どもの好きな絵本が紹介され、みんなが楽しみにしていました。**『からすのパンやさん』**（かこさとし／絵と文、偕成社、一九七八年）**『ぐりとぐら』**（中川李枝子／作、大村百合子／絵、福音館書店、一九六七年）

の他、日本の昔話の**『ももたろう』**（まついただし／文、あかばすえきち／絵、福音館書店、一九八〇年）**『いっすんぼうし』**（いしいももこ／文、あきおふく／絵、福音館書店、一九六五年）**『はなさかじじい』**（瀬川康男／絵、松谷みよ子／文、講談社、一九七八年）も人気がありました。

一九九七年に帰国し二〇〇二年まで暮らした相模原市の家の近所に市立図書館があり、週に一度は子ども達を連れて通うのが楽しみでした。この図書館には紙芝居も豊富に置いてあり、中でも**『あわてものしょうぼうしゃウーカン』**（山脇恭／文、西村郁雄／絵、教育画劇、一九八六年）の紙芝居は、三歳の二男が大好きで、来る日も来る日も「ウーカン」をリクエストするので、五歳の長男は飽き飽きして「まただよ」とうんざりしていました。

この頃の寝る前の読み聞かせは、絵本から紙芝居中心に変わっていましたが、私の第三子の妊娠でお腹がどんどん大きくなっていくことに長男と二男は興味津々で**『おへそにきいてごらん』**（七尾純／文、長谷川知子／絵、あかね書房、一九八五年）、みやにしたつやの**『おっぱい』**（みやにしたつや／作・絵、鈴木出版、一九九〇年）の絵本を何度もリクエストされて読み聞かせました。

オーストラリアとスリランカへの赴任を経て二〇〇七年に再度赴任したパキスタンのイスラマバードは、前回在住の時とはすっかり様変わりし、街は発展して道が広くなり、きれいになっていました。しかし、テロ発生件数の増加に伴う治安の悪化により、かつては無防備で自由に出入りできた「日本人学校」が、半ば要塞化しているのに驚きました。

日本人学校には警備員が二四時間体制で配備され、学校の周りの塀の上には高いフェンスと有刺鉄線が張り巡らせてありました。

その日本人学校では、月に一度、保護者による読み聞かせの時間が設けられており、小学生には「絵本の読み聞かせ会」、中学生には「詩の朗読会」などが行われていました。私は三人の子どもを通わせていたので何度か読み聞かせを担当しました。この時は、沖縄を題材にした絵本**『いのちのまつり』**（二五頁）が好評でした。

最後に、子ども達の父親の「絵本の読み聞かせ」についてお話します。私の夫は日本では仕事の都合で毎晩遅い時間に帰宅し、絵本の読み聞かせができる状況にはなかったのですが、海外勤務では比較的帰りが早く、時間が許す限り、毎日寝る前に三人の子ども達を集めて絵本を読んでくれました。夫の読み聞かせは面白おかしく、時には独自のアドリブを加えるので、子ども達はお腹を抱えて笑い転げることもしばしばで、父親に絵本を読んでもらうのをとても楽しみにしていました。

このような絵本の読み聞かせは、親と子の絆を深めるために重要であり、家族の共有する楽しい想い出となり、今もときどき懐かしい話題となっています。

**（芦田美津穂）**

# (4) 英国ヴィクトリア時代の絵本——現代絵本の源流をたどる

## ヴィクトリア時代の絵本について

ヴィクトリア時代というのは、人間の文化の歴史の中で、「絵本」という表現形態が始めて花開いた時代でした。現代絵本の世界で活躍しているアーティストのモーリス・センダックは、「ヴィクトリア時代のイギリスは、社会的不公正が積み重なっていたような時代でした[1]」としつつ、この時代の絵本について、次のように語っています。

しかしながら、印刷技術の実験が繰り返され、発展していく中に喜びがあった時代であり、また徒弟奉公制度と職人の技が結びついた時代でもありました。ヴィクトリア時代のイギリスで、絵本という芸術が花開いたのです。私はこの時代についていつもこう思います。エネルギーが燃え上がるように噴出した時代です。社会的に、歴史的に、地理的に、あらゆることがそこにあったのです。芸術と才能と経験がそこにあり、すべてが一堂に結集し、爆発した時代であったと[2]。

## ヴィクトリア時代とは

ヴィクトリア時代というのは、ヴィクトリア女王統治下の一八三七年から一九〇一年を言います（ヴィクトリアの生没年は一八一九～一九〇一年です）。日本でいえば江戸時代の終わり頃から明治時代にかけての頃。一九〇一年に、夏目漱石はイギリスに滞在していました。ヴィクトリア女王の治政は六〇年以上にもわたり、表面上は大英帝国として繁栄の一途を辿っていました。経済状態も安定し、富裕層が拡大し、貴族でなくとも子ども達に絵本の一冊でもクリスマスには買ってやれる層が広がりました。

ヴィクトリア女王は一八四〇年にアルバート公と結婚しますが、アルバート公は一九六一年に亡くなります。二人の間には九人の子ども達が生まれ、彼らが成長した時には、それぞれがヨーロッパ大陸の王国と婚姻関係を結び、晩年のヴィクトリア女王は、「ヨーロッパのおばあさま」と呼ばれるほどでした。一方、ヴィクトリア時代は、戦争に次ぐ戦争の時代で、クリミア戦争（一八五三～一八五六年）、阿片戦争（一八四〇～一八四二年）、セポイの乱（一八五七～一八五九年）、ブーア戦争（一八九九～一九〇二年）などに関わり、中国、インド、南アフリカへと領土を拡大し、大英帝国を築いていきました。このことが絵本の世界にも反映し、多文化的な表現が表れるようになります。

## カラー絵本の花が咲く一八六五年

一八六五年のクリスマス・シーズンを前にして、ロンドンの出版業界である『**ブックセラー**』は、いくつかの出版社からたくさんの絵本を受け取りました。テーブルの上に並べられた絵本の表紙は、まるで一度に花が開いたような美しい彩りでした[3]。これまでにも絵本という形態（一頁に絵と文があって、数頁から成り立っている）の本は出版されていました。しかし、これまでは、カラーであっても、手彩色がほとんどだったのです。しかも子ども用の安価な絵本の場合は、色を塗る仕事は子ども達によって行われました[4]。六色の色彩が施されているとすると、一人の子は赤を、一人の子は青をというように一色ずつ担当し、絵の具一本と筆一本、サンプルの頁を手元において教えられた色だけを塗り、次の色の子に手渡していたという光景が想像されます。絵本の中には、とても丁寧に塗られているものもありますが、多くは、五ミリくらいも枠か

らはみ出して色が塗られている場合もあり、時々面倒だとばかりに、人間の足も衣類の裾も地面と一緒の黄土色で塗られてしまっているものもあります。

ところが、一八六五年に、多くの出版社からカラー印刷の絵本がどっと出版されました。この年のクリスマスには本屋さんや汽車の駅のスタンドでは、カラフルな表紙の絵本が並んでいたことでしょう。すべてのカラー印刷の絵本の絵や色彩が素晴らしいものだったとはいえませんが、この年が、現代の絵本へと繋がる歴史において、絵本の記念すべき年であったことは確かです。カラー印刷に関していえば、何十も色を重ね合わせて印刷した豪華なギフトブックは一八五〇年代から出ていました。しかし、安価で一応の見栄えがするカラー印刷の絵本の製作は難しく、印刷者（社）は、技術革新に向けて、しのぎを削る競争をし、揃って出版開始をしたのが、一八六五年でした。

### ヴィクトリア時代の絵本の印刷

現代の印刷は、コンピューターで色分解し、カラー印刷も技術的にそれほど難しいものではありません。二〇世紀の終わり頃には、実物と同じような仕上がりのカラーコピーさえ、簡単に、安価に手に入れることができるようになりました。ヴィクトリア時代は、同じ絵の複製をたくさん作成するために、一番多く用いられた方法は木版印刷でした。画家が木版の上に絵を描き、描かれた一つの点一本の線もおろそかにせず彫り上げる仕事をしたのは、彫版師と言われる人たちでした。日本にも浮世絵の彫り師がいましたが、浮世絵の場合は、桜のような（少し柔らかめの）木の幹を縦に切って用いたので大きな版木を得ることができ、そこに絵師が絵を描き、彫り師が彫り、擦り師が一枚ずつ刷り上げて完成させました。

ヴィクトリア時代は、柘植のような硬い材質の木を年輪が見える側で木口《こぐち》に切り、大きい版木を得るためには数枚を繋ぎ合わせ（日本の浮世絵の大きさの版木を得るためには、五〇枚くらいの柘植の木片をぴったりと結合させた）、それを彫り師が彫り、彫り上げた板を、蒸気印刷機の上に載せて、印刷しました。同じ木版ではありますが、日本の浮世絵は板目木版であり、流れるような線の美しさと、平面的な色彩構成、ダイナミックな構図を得ることができました。ヴィクトリア時代の木版は木口木版であり、細い彫りを可能にし、色を重ね刷りすることで、微妙な色合いや、光と影に富んだ表情を出すことに向いていました。

木版は凸版であるため、活字印刷の板と同じ高さに印刷台の上にセットして、同時に印刷することが可能でした。このことは、一頁内に文字も絵もある絵本には、非常に好都合でした。もし、絵の印刷のために他の印刷方法を使うとなると（例えば、銅板による凹版や石版による平版）、違う印刷機械を使用する必要が出てきて、印刷にお金がかかります。木口木版の技術が、ヴィクトリア時代の絵本やイラスト入りの雑誌の隆盛を促したのは確実です。

ヴィクトリア時代には、非常にたくさんの彫り師がいて、今の機械プリンターがしてくれることを職人的手腕で行っていたということです。したがって、私たちがヴィクトリア時代の絵本を見るとき、そこに見るのは、画家の腕前ではなく、彫り師たちの技術だということです。センダックが、「職人の技が生きていた」ということは、そういうことを指しています。

### ヴィクトリア時代の絵本、トイブックについて

ヴィクトリア朝後期に、アートと職人的印刷技術が、絵本という形に結合したのがトイブックでした。トイブック（toy book）とは、イギリ

スのヴィクトリア時代の中でも、産業的にも経済的にも繁栄期であった第二半世紀の一八五〇年から一八九〇年にかけて大量に出版された絵本群のことです。トイブックは、子ども用の絵本を出すときに出版社が使用した名称であり、あくまでも絵本であり、トイ（toy）から連想されるおもちゃとは全く無関係でしたが、この名称が災いしたためか、トイブックは絵本史上重要な役割を果たしたにもかかわらず、研究者たちから無視され、研究を遅らせてきました。厖大な出版物の中には粗悪な作品も多く、研究対象とはみなし難いと思われてきた面もあります。ヴィクトリア時代の絵本トイブックは、職人の技がその絵本製作に活かされた時代であり、ヴィクトリア時代の子どものための芸術の結晶でもありました[5]。

一八六五年一二月に出た『ブックセラー』に、編集者は「子どもたちのトイブックス」という表題のもとに、次のような文章を書いています。

子どもたちのために本を作る時にこそ、なににもまして、洗練された美意識と最高の技術と心配りが必要とされる。残念ながら、このことはこれまでなおざりにされてきた。まるで子どもにはつまらないガラクタもので十分だとでもいうように。なんと言う愚かな、ひどい考え違いだ！　感受性の鋭い子どもたちの目や耳には、一番美しいもの、一番混じりけのない本物、一番良きものを供するべきである[6]。

この編集者の怒りは、当時の絵本の中には、粗悪な物も多かったことを示しています。同時に、「トイブック」という名称が、子どもの絵本の一般的名称として認知されるようになったこと、絵本という分野が、業界紙で取り上げるに足る出版物であるとみなされるようになったことを示しています。また、カラー印刷で、デザインも美しく、質のよい絵本の出版が可能になっていたことも示しています。一八六五年は、『不思議の国のアリス』が出版された年であり、児童文学史上、また絵本史上で重要な年となりました。多くの出版社がカラー印刷によるトイブックを一挙に出し、後々まで絵本の歴史に影響を与えることになった彫版師兼印刷師であるエドマンド・エヴァンズと画家ウオルター・クレインの協働製作のトイブックがラウトリッジ社から出版されたのも一八六五年でした。

なお、ヴィクトリア時代には、トイブックという名称もピクチャーブックという名称も共に使われています。当時の一般的な用法からすると、トイブックは、一見したところ現代のペーパーバック判であり、ピクチャーブックは、ハードカバー装丁の絵本を指しています。例えば、ピクチャーブックの場合、トイブックの数冊（三冊か四冊）のそれぞれの表紙をはずして、合本し、布や皮で表紙を装丁して、例えば、*Routledge's Coloured Picture Book* や *Cinderella Picture Book* として出しました。ピクチャーブックの場合、表紙は豪華で、絵の見栄えに比重がかかっているケースが多く、贈り物や飾り物として立派に見せるという要素が強いと言えます。

トイブックの特徴

トイブックは、ヴィクトリア時代における絵本の黄金期を形成しただけではなく、その後の絵本づくりに大きな影響を与えたことから、現代絵本の源流とも言えます。トイブックの特徴に現代の絵本の基本を見出すことができます。

① 絵本のサイズ・判型

トイブックのサイズは、六ペンスものの場合はおよそ二五×一七・五

センチ、一シリングものの場合は二七×二二・五センチで、このサイズや判型（時には横長も出版）は、現代に至るまで使用されています。本文の薄目の紙質とは異なる少し厚目の表紙をつけ、真ん中を糸綴じし、絵本らしい装丁になっています。現代絵本の場合でも、ペーパーバック判の場合、真ん中を糸綴じかホッチキスで綴じ、少し厚めの表紙をつけています。

② セールス・ポイントの要因となった彩色

一八六五年までのトイブックは、白黒かカラーであっても粗末な手彩色でしたが、一八六五年頃から、カラー印刷が大勢を占めるようになりました。現代の絵本には白黒の場合もありますが、それは、画家がその絵本の表現として無彩色を選んだのであり、カラー印刷は当たり前になっています。ヴィクトリア時代にカラー印刷が可能になった後は、文章はそれほど重要視されてはおらず、絵がセールス・ポイントになりました。現代絵本では、ヴィクトリア時代に比べれば文章も重要視されてはいますが、絵に相当の比重が置かれているのは同じです。

③ 大量印刷・大量出版

木口木版の場合、柘植材の木質の硬さと、機械印刷により、大量印刷が可能でした。また、交通網の発達[7]と購買層の拡大により、需要も増え、出版する側もそれに応えられる供給態勢が整いました。初版で数千部から数万部の出版が可能になったのです。ウオルター・クレインの一八六五年後半～一八七〇年代前半の絵本は、初版で二万部を発行、売れ行きの良い場合、何刷か重版しています[8]。コルデコットの絵本の場合には、一〇万部印刷したと、エヴァンズは自伝の中で書いています[9]。現代の大衆絵本も、大量印刷、大量出版が目指されている傾向にあります。

④ 片面印刷から両面印刷へ

ヴィクトリア時代初期には、凸版印刷による強い圧力のため用紙の裏側にもインクの滲みが出るため、片面印刷でしたが、一八七八年頃に薄い色合いのインクを使用して、印刷機の圧力も弱めに印刷できるようになり、用紙の両面印刷が可能になりました。具体例として、一八七八年にラウトリッジ社より出版された『ジャックが建てた家』(*House That Jack Built*) や『ジョン・ギルピン』(*John Gilpin*) があります。共にコルデコットが絵を描き、エヴァンズ工房が彫版し、印刷しました。

⑤ 題材は、ABC、マザー・グース、昔話など

絵本のテーマは、よく知られている伝承の歌や昔話が主に扱われました。当時脚光を浴びていた鉄道はアルファベット絵本の素材としてよく利用されました。グリムやアンデルセンの英語訳も出ており、おはなしとして取り上げられました。現代でも欧米の絵本作家たちは、マザーグース絵本、昔話絵本、アルファベット絵本を製作し続けています。しかし、ヴィクトリア時代には、伝統的な題材に寄らないオリジナルなテーマの作品は非常に少なかったのですが、現代では、オリジナルなテーマの絵本が多く、また伝統的な素材を使う場合でも、オリジナルな解釈を取り入れています。

⑥ 安価な価格

一冊六ペンスもの（文字と絵を同一頁に印刷、八頁）と、一冊一シリングもの（大判のカラーの絵のみ六頁とテキストのみが六枚）が多い。一シリング（一二ペンス）が現代のいくらくらいに相当するものかを割り出すのは難しいのですが、当時の他のものの値段などから推定して、七〇〇円くらいではないかと思われます。すると、ウオルター・クレインの絵本のほとんどは六ペンスものなので、三〇〇円くらいです。トイブックは大量に製造されていたことから判断して、それほど高価なものではなかったと考えられます。しかも、六ペンスもの、一シリングものの価格は、印刷技術の劇的な進展により驚くほどの表現芸術へと展開してい

きますが、トイブック出版期を通して五〇年間、安定した価格を保ち続けました。

### 彫版・印刷師エドマンド・エヴァンズの絵本作り

ヴィクトリア時代の出版は、木口木版の彫版・印刷業者なしには考えられません。ヴィクトリア時代には、非常にたくさんのそうした工房が存在しましたが、その代表がダルジェル兄弟社であり、ヴィクトリア時代の出版物の一世を風靡したと言っても過言ではないでしょう。しかし、絵本の出版となると、エドマンド・エヴァンズ（Edmund Evans、一八二六～一九〇五年）を抜きには語れないし、エヴァンズという人が存在しなければ、現代の絵本もなかったかもしれないとさえ言えます。冒頭でセンダックの言葉を紹介しましたが、その文脈の中で、センダックはエヴァンズについて、次のように語っています。

> 今日、わたしたちは、絵本製作に関して、エヴァンズが使っていたよりもずっとよい機械を持ち、知識も豊富です。だから、もっと良い絵本を作れるはずです。にもかかわらず、そうなってはいないのは、職人的センスが欠如しているからではないかと思われます。その結果、今日のほとんどの本は模造品のように見えてしまうのです。愛情を込めて作られた本ではなく、ただの大量生産による製造品になってしまっているのです[10]。

エヴァンズは、一三歳でサミュエル・ベントレー印刷工房に弟子入りし、リーダーズ・ボーイといわれる原稿読み上げ係になり、その後『パンチ』の創設者でもある彫版工房のエベネザー・ランデルズのもとで、彫版の腕前をあげ、徒弟期間の七年を勤め上げました。一八五一年に独立しエヴァンズ工房を立ち上げ、職人的な技術があるだけでなく、画家の才能を見抜く目もあり、アート・ディレクター的センスと経営手腕もあるエヴァンズ工房には仕事が舞い込むようになります。エヴァンズは、印刷と本づくりが大好きな人だったようです。ランデルズ工房の同僚であったバーケット・フォスターは、木版に絵を描く訓練を受けていたので、彼とコンビを組み、カラー印刷に向けての実験を積み重ねていきます。そして、美しい多色刷りの高価な絵入り本を一八六五年以前にも製作していましたが[11]、その後、安価で美しい絵本作りを目指しました。

エヴァンズは、木口木版によるカラー印刷を最高の質に仕上げ、絵本という形態のデザインを理解し、子どもたちに質の高い絵本を提供でき、しかも商業的に成功できた唯一のカラー木版彫版師でした。エヴァンズは、一八五〇年代中頃から一八八〇年代中頃まで、多くの画家たちとコラボレートし、たくさんの絵本を世に出しました。画家たちとの絵本製作の過程が、まさしくカラー絵本を完成させていく段階を示し、絵本の黄金期と重なります。エヴァンズと協働した代表的な画家たちとして、ウオルター・クレイン（Walter Crane、一八四五～一九一五年）、ランドルフ・コルデコット（Randolph Caldecott、一八四六～一八八五年）、ケイト・グリーナウエイ（Kate Greenaway、一八四六～一九〇一年）、リチャード・ドイル（Richard Doyle、一八二四～一八八三年）、アーネスト・グリセット（Ernest Griset、一八四四～一九〇七年）などをあげることができます。この中で、絵本作りの上で後世にも大きな影響を与えた画家として、クレインとコルデコットの名をまず挙げる必要があります。

クレインおよびコルデコットの作品に入る前に言い添えたいことは、当時の印刷業者は印刷だけをしていたのではないということです。出版を計画し、出版社へ企画を申し入れ、本に絵を描いてくれる画家を探して依頼し、画家へデザイン上のアドヴァイスを行い、紙やインクを調達

し、彫り師たちに技術的な指導を行い、アート・ディレクターとしての仕事（一冊の本のデザイン、ページおよび見開きデザイン）を行い、一冊の本を仕上げる過程での編集者の役割りを果たし、経営面での全責任者にもなるのが、印刷工房の親方の仕事でした。それだけに、本づくりの醍醐味を一番味わったのが、ヴィクトリア時代の印刷師だったかもしれません。

### ウオルター・クレインの絵本

エヴァンズが若きアーティスト、ウオルター・クレインに会ったのは、一八六三年でした。彼の絵を見て、すぐにその才能を見抜きます[12]。エヴァンズが必要としたトイブック用の画家は、輪郭線が美しく、構図のしっかりした絵を描ける画家でしたが、クレインはエヴァンズの要求に応えることができました。二人の絵本づくり過程での協働作業による実験が、エヴァンズのカラー印刷の技術を高め、クレインのデザイン力を高めました。

エヴァンズは、クレインとのコラボレーションの過程で、最初二色のインクからスタートし、最終的に六色のインクを使用するまで、実験に次ぐ実験を重ね、彫版とカラー印刷の仕上がりを確かめていきます。クレインは、日本の浮世絵の技法を取り入れ[13]、黒を輪郭線だけではなく色彩の一つとして使うこと、陰影のない平面的な色面構成、絵をダイナミックにする対角線の使用、日本的遠近法の大胆な使用などを試み、絵本（トイブック）という形態に芸術的価値を与えました。クレインは絵本の表紙に、自分の名前の入ったシリーズ名 'Walter Crane's Toy Books' を用いることができた最初の画家でした。それまでは、絵本製作に関わることは画家にとって不名誉なことと見なされていましたが、絵本界にクレインが登場したことにより、絵本は芸術的な面からも評価を受ける

『シンデレラ』

見開き場面

『このブタさん
まちへおかいもの』

『アラジンと
まほうのランプ』

『あかずきんちゃん』

『ながぐつを
はいたねこ』

ようになったのです。

クレインの最初の作品は、六ペンスものとして、**『鉄道アルファベット』**（*The Railroad Alphabet* [1865]）があります。マザーグースを素材として扱った**『このブタさんまちへおかいもの』**（*This Little Pig Went to Market* [1871]）は、ブタの擬人化の仕方が独創的で楽しく、一冊の絵本としての連続性もあり、絵本の傑作といえるでしょう。昔話をテーマにしたものとして、**『シンデレラ』**（*Cinderella* [1873]）、**『ながぐつをはいたねこ』**（*Puss in Boots* [1874]）、**『あかずきんちゃん』**（*Little Red Riding Hood* [1875]）、**『ジャックとまめのき』**（*Jack and the Beanstalk* [1875]）などがあります。一シリングものとして、昔話を基にした**『かえるのおうじさま』**（*The Frog Prince* [1874]）、**『アラジンとまほうのランプ』**（*Aladdin, or the Wonderful Lamp* [1875]）などがあります。結果として一八七六年までに、二九タイトルの六ペンスものと八タイトルの一シリング（一二ペンス）ものを創作しました。

クレインの作品の絵の中には、イギリスのヴィクトリア時代がどれほど多文化の時代であったかを表している背景が描かれていることがあります。例えば、『シンデレラ』の中で、シンデレラとプリンスが出会う場面の背景には、いろいろな民族の出自らしい顔ぶれが並んでいます。

### ランドルフ・コルデコットの絵本

クレインがラウトリッジ社のトイブック製作から退いたあと、エヴァンズが、この人こそとトイブックの絵を依頼したのが、コルデコットでした[14]。エヴァンズとコルデコットのチームは、一八七八年から一八八五年までの間に一六冊の絵本を製作します。コルデコットの絵本は、エヴァンズのカラー印刷技術が最終的に辿りついた頂点の作品と言えます。クレインのトイブック製作時には、絵が印刷されている用紙の裏面にはインクが染み出したり、圧力により紙に凹凸が生じたりして、両面印刷がまだ不可能でしたが、コルデコットとのコラボレートに入った時には、両面印刷が可能になりました。その上、クレインの一シリング物の場合、カラーの絵（六枚）と文字頁（六枚）は別の紙に印刷され、絵本としての絵と言葉の統一は取れていなかったのです。それに対して、コルデコットの場合、最初の二作品 *The House that Jack Built*（1878）、*The Diverting History of John Gilpin*（1878）から、一冊を通して両面に印刷され、しかも三〇頁（八頁はカラー、二二頁はセピアの単色）から成っています。ここに絵本史上初めて、表紙から裏表紙までの流れを物語る絵本が登場しました。エヴァンズの印刷技術が最高に達し、コルデコットという絵本作家としてこれ以上の人は望めないアーティストとの、歴史的な出会いの協働作品でした。

表紙に 'R. Caldecott's Picture Books' とシリーズ名が入ったコルデコットの絵本は大評判となりました。出版された一六冊のうち、前期（一八七八～一八八一年）の八冊が四角に近い判型で、およそ二三×二一センチ、頁数三〇頁（カラー六頁・セピア単色二四頁）。後期（一八八二～一八八五年）の八冊は横長の判型で、およそ二〇×二四センチ、二四頁（カラー六頁・セピア単色二〇頁）です[15]。コルデコットの絵本はすべて六色からなりますが、キーブロックといわれる線描の版の色を黒ではなくセピアにすることで、仕上がりの絵で線を強く浮き立たせず、全体がしっとりとした色調になっています。六色の木版（黄、青、グレー、ピンク、赤、セピア）を重ねることで、フラットな単純な色面ではなく、例えば、イギリス独特の牧草地の微妙な色調など、複雑な色合いを出し、エヴァンズの印刷は最高の出来上がりを見せています。

また、コルデコットの絵本では、頁数の増加が可能になったことにより、扉頁も加えられ、現代の絵本製作へと近づいています。また、コル

デコットはラウトリッジ社と話し合い、印税を勝ち取ります。これまで、画家の絵は買い取りであり、出版社がその絵を何度使おうと、画家に権利はなかったのです。画家が印税を受け取れるようにしたことは、その後の画家たちに画家の権利として大いに役立つことになります。

コルデコットの代表作としては、**『ジョン・ギルピンのこっけいな出来事』**（*The Diversity History of John Gilpin* [1878]）、**『六ペンスの唄をうたおう』**（*Sing a Song for Sixpence* [1880]）、**『ヘイ・ディドル・ディドル／ベイビー・バンティング』**（*Hey Diddle Diddle and Baby Bunting* [1882]）、**『かえるくん　恋を探しに』**（*A Frog He Would A-Wooing Go* [1883]）、などがあります。

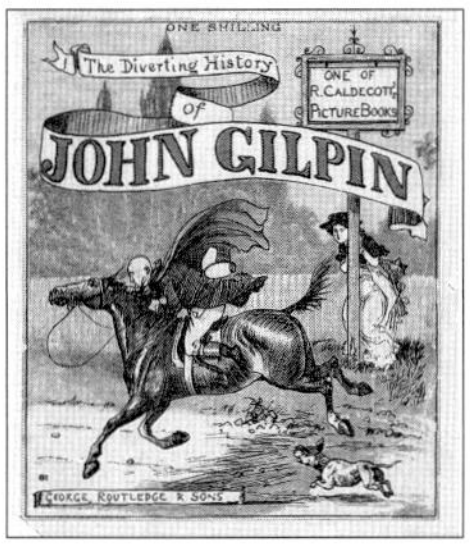

表　紙

『ジョン・ギルピンのこっけいな出来事』の見開き場面

『六ペンスの唄をうたおう』

『ヘイ・ディドル・ディドル／ベイビー・バンティング』

コルデコットはからだが丈夫な方ではなく、胃腸が弱かったため、冬になると暖かいところで過ごす必要がありました。一八八六年、コルデコット夫妻は避寒のためにフロリダに行きますが、その年は異常な寒波がこの地を襲い、彼はアメリカで客死します。三九歳でした。アメリカ図書館協会は、コルデコットの絵本史上における偉業を称えて、最も優れた絵本に毎年授与している賞に「コルデコット」の名を冠しました。一九三七年のことです。コルデコット賞は一九三八年度から授与されましたが、常に前年度の全作品の中から選ばれます。受賞作品の表紙には、'Caldecott Medal' の金ラベルが貼ってありますが、デザインはコルデコットの *The Diversity History of John Gilpin* から取られたものです。

一九六四年度のコルデコット賞に選ばれたのが、センダックの『かいじゅうたちのいるところ』（*Where the Wild Things Are* [1963]）でした。その受賞スピーチで、センダックは次のように語っています。

> コールデコットの絵本の躍動感と心地よさ、舞台となる歌に加えられた独創的で遊び心に満ちた工夫の数かずは、私たちに限りない喜びを与えてくれます。…コールデコットの偉大さは、嘘もごまかしもない目で人生を洞察しているところにあります。彼の世界では真実が骨抜きにされることは決してないのです。新鮮で活力あふれるその世界は、闇と光との織りなす陰影によって、忠実かつ率直に描き出されています。それは、悲劇と喜びとが共存する世界、そのそれぞれが他を彩っている世界です。[16]

## ヴィクトリア時代の黄金期の絵本の終焉と遺産

ヴィクトリア時代における絵本の黄金期は、木口木版によるカラー印

刷の絵本が花開く一八六〇年代中頃から、木口木版の印刷が終結に向かう一八八〇年代末にかけてです。一八八〇年代に入って、トイブックの世界に劇的な変化が起こりました。写真でアルミ版に絵を焼き付けて大量に印刷できるクロモリトグラフィーの波がドイツやオランダから押し寄せ、経済的な安さとその表面の滑らかなぴかぴかとした輝きから上等感を与え、木口木版を追い出し始めたのです。その絵は、エヴァンズの作品全体に見られる品格ある芸術性はなく、描かれるキャラクターのイメージは、ただかわいらしさだけが売り物の陳腐なものになってしまいました。画家と彫版・印刷師の職人的コラボレーションが創り上げた絵本の黄金期は終わりを遂げたのです。

　しかし、エヴァンズが実験に実験を重ねて形成していった時期の絵本への情熱、子ども達に質の良い絵本を手渡したいと願う画家や彫版・印刷師たちの志が、現代絵本の世界にもその底流となって流れていることは確かです。

**注**

(1) 'A Dialogue with Maurice Sendak'. Jonathan Cott (ed.), *Victorian Color Picture Book* (London: Allen Lane, 1984) p. xx. 正置訳。
(2) 注(1)に同じ。正置訳。
(3) *The Bookseller* of Dec. 12, 1865.
(4) A. W. Tuer, *Pages and Pictures from Forgotten Children's Books* (London: Bracken Books, 1986. Originally, London: The Leadenhall Press, 1898) p. 6.
(5) ヴィクトリア時代のトイブックについての最初の本格的な研究が、*A History of Victorian Popular Picture Books*（正置友子著、風間書房、二〇〇六年）です。この著書は、英語圏の子どもの本についての優れた歴史研究に与えられる「二〇〇八年度ハーベイ・ダートン賞」を受賞しました。
(6) 注(3)に同じ。正置訳。
(7) イギリスでは、一八二五年に蒸気機関車による鉄道の営業運転を世界最初に行った。一八四〇年代には、主要都市を結ぶ鉄道網が形成された。
(8) ロンドン大学の図書館網の中にある The Bloomsbury Science Library の中にラウトリッジ社のアーカイブズがあり、ラウトリッジ社から寄託されている資料を保管している。その資料の中に、ラウトリッジ社の大判で分厚い卸台帳（Wholesale Catalogue）があり、印刷部数が記されている場合がある。
(9) *The Reminiscences of Edmund Evans: wood-engraver & colour-printer 1826-1905, and an Introduction and Check-list by Rauri McLean* (Oxford: Clarendon Press, 1967) p. 59.
(10) 注(1)に同じ。正置訳。
(11) エヴァンズの多色刷りの本（絵本というよりは、ギフトブックの装丁で、詩などの言葉に合わせて多くのカラーの絵が挿入されている）は、実に美しい。次のような本がある。*Poems of Oliver Goldsmith* (London: George Routledge and Sons, 1858). *Common Wayside Flowers* (London: Routledge, Warne, and Routledge, 1860). *A Chronicle of England B.C. 55 – A.D. 1485* (London: Longman, Green, Longman, Roberts, & Green, 1864).
(12) 注(9)に同じ。p. 32.
(13) Walter Crane. *An Artist's Reminiscences* (London: Methuen, 1907) p. 107.
(14) 注(9)に同じ。p. 56.
(15) ヴィクトリア時代の絵本そのものを直接見るためには、関心を持つ専門機関や大学図書館に問い合わせてみてください。ヴィクトリア時代の原書ではなく、復刻版ですが、コルデコットの一六冊全部が解説書付きで出ています。『コールデコットの絵本』（福音館書店、二〇〇一年）は図書館等にあるかもしれません。また、注(5)であげている本には、図像九〇〇枚が掲載されています。
(16) モーリス・センダック／脇明子・島多代訳『センダックの絵本論』岩波書店、一九九〇年、一五六頁。

**参考文献**

Bridson, Gavin and Geoffrey Wakeman, *Printmaking & Picture Printing: A Bibliographical Guide to Artistic & Industrial Techniques in Britain 1750-1900* (Oxford: The Plough Press, 1984)
Briggs, Asa, *Victorian People: Some Reassessment of People, institutions, ideas and events 1851-1867* (London: Odhams Press, 1954)

Cott, Jonathan, *Victorian Color Picture Book* (London: Allen Lane, 1984)

Crane, Walter, *The Decorative Illustration of Books* (G. Bell & Sons, 1896. London: Studio Editions, 1994) ウォルター・クレイン／高橋誠訳『書物と装飾　挿絵の歴史』国文社、一九九〇年。

Crane, Walter, *An Artist's Reminiscences* (London: Methuen, 1907)

De Mare, Eric, *The Victorian Woodblock Illustrators* (London: Gordon Fraser, 1980)

Engen, Rodney K., *Dictionary of Victorian Wood Engravers* (Cambridge: Chadwyck-Healey, 1985)

Evans, Edmund, *The Reminiscences of Edmund Evans: wood-engraver & colour-printer 1826–1905* (London: Oxford University Press, 1967)

James, Philip, *English Book Illustration: 1800–1900* (London; New York: The King Penguin Books, 1947)

McLean, Ruari, *Victorian Book Design and Colour Printing* (London: Faber & Faber, 1963. Second edition 1972)

Neuburg, Victor E., *The Penny Histories: A study of chapbooks for young reader over two centuries* (London: Oxford University Press, 1968)

Sendak, Maurice, *Caldecott & Co.* (New York: Farrar, Straus and Giroux, 1988) モーリス・センダック／脇明子・島多代訳『センダックの絵本論』岩波書店、一九九〇年。

Tuer, A. W., *Pages and Pictures from Forgotten Children's Books* (London: Bracken Books, 1986. Originally, London: The Leadenhall Press, 1898)

Twyman, Michael, *Printing 1770–1970: an illustrated history of its development and uses in England* (London: The British Library, 1970)

Whalley, Joyce Irene, and Tessa Rose Chester, *A History of Children's Book Illustration* (London: John Murray with the Victorian & Albert Museum, 1988)

正置友子 *A History of Victorian Popular Picture Books: the aesthetic, creative, and technological aspects of the Toy Book through the publications of the firm of Routledge 1852–1893* 風間書房、二〇〇六年。

三宅興子『イギリスの絵本の歴史』岩崎美術社、一九九五年。


**（正置友子）**

tea; and she gave

# 第 3 章
# 保育所・幼稚園における「多文化絵本」の実践

多文化絵本の活用
3 冊の「せかいちずえほん」、『おすしのせかいりょこう』
『アフリカの音』、『どこにいるかわかる？』など

# (1)「異文化・多文化理解」絵本リストの作成

近年、保育所や幼稚園において外国籍の子どもが増えています。保育者がこれらの子ども達を受け入れ、さらに、子ども同士の相互理解を深めるために、また保護者一人ひとりに必要なサポートをするためにも「異文化・多文化」を理解することは現代の保育課題と考えます。

「異文化・多文化」を理解するためのツールの一つとして、子ども達の大好きな絵本があります。絵本の優れた特性として、次の点を挙げることができます。

イ、子どもの好奇心を掻き立て、想像・創造の世界に誘う楽しいもの。
ロ、絵本を見ている子どもの姿は、保育者にとって子どもの気持ちを理解する手立てとなる。
ハ、保育者の説明だけでは、よくわからないことも絵本を見るとまるごと理解できる。
ニ、絵本は子どもの身近にあり、子どもが見たいときにいつでも見て楽しむことができる。

これらの絵本の持つ特性を活用し、異文化理解を目的として「絵本の読み聞かせ」を実践することは有効な方法であると考えます。

本章では、次の内容を報告しています。

① 「異文化・多文化理解」の五〇冊の絵本リスト作成
② 保育所・幼稚園における「異文化・多文化絵本」の活用実態
③ 三冊の「せかいちずえほん」の実践
④ 「多文化絵本」の実践事例
⑤ 「多文化絵本」から総合活動への展開

などの実践的研究を通して、「異文化・多文化理解」の絵本の読み聞かせ課題を探りたいと考えました。

表1の「異文化・多文化理解」絵本リストは、四つのカテゴリーで分類したものです。また、リストの絵本数が五〇冊なのは、A4判の表に収まる絵本の最大数という理由からです。

分類1は、「世界の国・民族・国旗」です。絵本としては、『**こどもがはじめてであう　せかいちず絵本**』『**せかいのこっきえほん**』『**ちきゅう**』などです。

分類2は、「言葉・文化・習慣」などです。絵本としては、『**せかいのひとびと**』『**世界あちこちゆかいな家めぐり**』『**スーホの白い馬**』、ユネスコ・アジア文化センターの編集で、場面ごとにその国の画家が描いている『**どこにいるかわかる?**』などです。

分類3は「日本の昔の生活文化」です。祖父母の子ども時代の生活、つまり五〇年前の日本人の生活は、現代の子どもにとって異文化であり、保育課題となります。絵本としては、『**父さんの小さかったとき**』『**ばあちゃんのなつやすみ**』などです。

分類4は、「戦争と平和」です。このテーマは幼児には難しいのですが、人類の普遍的課題として伝えていく必要があり、『**おとうさんのちず**』『**くろいちょうちょ**』『**アンナの赤いオーバー**』などの絵本です。

（**福岡貞子**）

**表１　「異文化・多文化理解」絵本リスト**

| | No. | 絵 本 名 | 文 ・ 絵（訳） | 出版社 | 初版年 |
|---|---|---|---|---|---|
| 世界の国・民族・国旗 | 1 | えほん　北緯36度線 | 小林豊 | ポプラ社 | 1999 |
| | 2 | かあさん、わたしのことすき？ | バーバラ・ジョシー、バーバラ・ラヴァレー、わたなべいちえ（訳） | 偕成社 | 1997 |
| | 3 | 川をはさんでおおさわぎ | ジョーン・オッペンハイム、アリキ・ブランデンバーグ、ひがし（訳） | アリス館 | 1981 |
| | 4 | こどもがはじめてであう　せかいちず絵本 | とだこうしろう | 戸田デザイン研究室 | 1992 |
| | 5 | すべての子どもたちのために | キャロライン・キャッスル、池田香代子（訳） | ほるぷ出版 | 2003 |
| | 6 | 世界のあいさつ | 長新太（作）、野村雅一（監修） | 福音館書店 | 1989 |
| | 7 | せかいのこっきえほん | わらべきみか | ひさかたチャイルド | 2004 |
| | 8 | 世界のことばあそびえほん | 戸田やすし（企画・編集）、戸田幸四郎 | 戸田デザイン研究室 | 1990 |
| | 9 | ちきゅう | Ｇ・ブライアン・カラス、庄司太一（訳） | 偕成社 | 2007 |
| | 10 | 魔法のことば | 柚木沙弥郎（絵）、金関寿夫（訳詩） | 福音館書店 | 2000 |
| 言葉・文化・習慣 | 11 | あかてぬぐいのおくさんと７にんのなかま | イ・ヨンギョン、かみやにじ（訳） | 福音館書店 | 1999 |
| | 12 | アフリカの大きな木バオバブ | ミリアム・モス、エイドリアン・ケナウェイ、さくまゆみこ（訳） | アートン | 2006 |
| | 13 | アフリカの音 | 沢田としき | 講談社 | 1996 |
| | 14 | アルザスのおばあさん | プーパ・モントフィエ、末松氷海子（訳） | 西村書店 | 1986 |
| | 15 | おすしのせかいりょこう | 竹下文子、鈴木まもる | 金の星社 | 2008 |
| | 16 | かさどろぼう | シビル・ウェッタシンハ、いのくまようこ（訳） | 徳間書店 | 2007 |
| | 17 | 巨人のはなし | アルヤ・ハルコネン（再話）、ベッカ・ヴォリ、坂井（訳） | 福武書店 | 1985 |
| | 18 | ゴリラとあかいぼうし | 山極寿一、ダヴィッド・ビシームワ | 福音館書店 | 2002 |
| | 19 | しっー！　ぼうやがおひるねしているの | ミンフォン・ホ、ホリー・ミード、安井清子（訳） | 偕成社 | 1998 |
| | 20 | ジブヤとひとくいドラ | Ａ・ラマンチャンドラン、きざきまろい（訳） | ベネッセ | 1982 |
| | 21 | スーホの白い馬 | 大塚勇三（再話）、赤羽末吉 | 福音館書店 | 1967 |
| | 22 | 世界あちこちゆかいな家めぐり | 小松義夫（写真）、西山晶 | 福音館書店 | 1997 |
| | 23 | せかいのこどもたちのはなし　はがぬけたらどうするの？ | セルビー・ビーラー、ブライアン・カラス、こだま（訳） | フレーベル館 | 1999 |
| | 24 | せかいのパン　ちきゅうのパン | かこさとし、栗原徹 | 農山漁村文化協会 | 1987 |
| | 25 | せかいのひとびと | ピーター・スピアー、松川真弓（訳） | 評論社 | 1982 |
| | 26 | ソルビム——お正月の晴れ着 | ペ・ヒョンジュ、ピョン・キジャ（訳） | セーラー出版 | 2007 |
| | 27 | だいすきなもの | 公文健太郎（写真） | 偕成社 | 2007 |
| | 28 | 旅の絵本ⅠⅡⅢⅣⅤⅥⅦ | 安野光雅 | 福音館書店 | 1977 |
| | 29 | ちきゅうはみんなのいえ | リンダ・グレイザー、エリサ・クレヴェン、加島（訳） | くもん出版 | 2005 |
| | 30 | ちびくろ・さんぼ　１　２　３ | ヘレン・バンナーマン、岡部冬彦、光吉夏弥（訳） | 瑞雲舎 | 2005 |
| | 31 | 手でたべる？ | 森枝卓志（文・写真） | 福音館書店 | 1998 |
| | 32 | てぶくろ | エウゲーニー・Ｍ・ラチョフ（絵）、内田莉莎子（訳） | 福音館書店 | 1965 |
| | 33 | どこにいるかわかる？ | ユネスコ・アジア文化センター（編）、松岡享子（訳） | こぐま社 | 1988 |
| | 34 | ともだちはみどりいろ | オーダ・ヨハンナ・フェスラー、いずみちほこ（訳） | フレーベル館 | 1993 |
| | 35 | ぼくがラーメンたべてるとき | 長谷川義史 | 教育画劇 | 2007 |
| | 36 | ぼくのいもうとがうまれた | 北沢杏子 | アーニ出版 | 1984 |
| | 37 | まるいちきゅうのまるいちにち | 安野光雅（編） | 童話屋 | 1986 |
| 日本の昔の生活文化 | 38 | おにはうちふくはそと | 西本鶏介・村上豊 | ひさかたチャイルド | 1983 |
| | 39 | 十二支のお節料理 | 川端誠 | ＢＬ出版 | 1999 |
| | 40 | 十二支のはじまり | 岩崎京子、二俣英五郎 | 教育画劇 | 1997 |
| | 41 | 14ひきのおつきみ | いわむらかずお | 童心社 | 1988 |
| | 42 | たなばたものがたり | 船崎克彦・二俣英五郎 | 教育画劇 | 2001 |
| | 43 | 父さんの小さかったとき | 塩野米松・松岡達英 | 福音館書店 | 1988 |
| | 44 | ばあちゃんのなつやすみ | 梅田俊作・梅田佳子 | 岩崎書店 | 1980 |
| 戦争と平和 | 45 | アンナの赤いオーバー | ハリエット・ジイーフェルト、アニタ・ローベル、松川（訳） | 評論社 | 1990 |
| | 46 | お母ちゃん　お母ちゃーん　むかえにきて | 奥田継夫、梶山俊夫 | 小峰書店 | 1985 |
| | 47 | おとうさんのちず | ユリ・シュルヴィッツ、さくまゆみこ（訳） | あすなろ書房 | 2009 |
| | 48 | くろいちょうちょ | シルビア・フォルツァーニ、辻田希世子(訳) | 講談社 | 2002 |
| | 49 | せかいいちうつくしいぼくの村 | 小林豊 | 福音館書店 | 1995 |
| | 50 | 平和へ | キャサリン・スコールズ、田沼武能（写真）、上遠恵子（訳） | 岩崎書店 | 1995 |

## (2) 保育所・幼稚園における「異文化・多文化絵本」の活用実態

保育現場における「異文化・多文化絵本」の活用実態を知るため、研究メンバー関連の保育所、幼稚園を中心に「異文化・多文化絵本」についてのアンケートを実施しました。さらに知人の在職する国立、私立大学附属幼稚園一二園にも依頼しましたが、回答は二園のみでした。

アンケートの実施および考察、保育者の意識

調査内容

①調査対象――近畿地区の研究メンバーの関連保育所、幼稚園

②調査方法――郵送による無記名方式

③調査期間――二〇〇九年五月〜七月

④回答数――六九

アンケートの結果と考察

アンケートの回答数は六九人で、保育者の年齢（表2）は二〇代が二七・五%、三〇代と五〇代が約二五%を占めています。保育者の経験年数（表3）は、回答している保育者の約八〇%が六年以上です。

問1「養成校で絵本に関する学習をしたかどうか」①少しだけした――三七人（五三・六%）、②学習をした（保育所）――一五人（二一・七%）、③ほとんどない――一一人（一五・九%）、④無回答――六人（八・八%）。

**表2　回答者の年齢**

| | | 人数 | % |
|---|---|---|---|
| ア | 20代 | 19 | 27.5 |
| イ | 30代 | 17 | 24.6 |
| ウ | 40代 | 12 | 17.4 |
| エ | 50代 | 17 | 24.6 |
| オ | その他 | 4 | 5.9 |
| 合　計 | | 69 | 100.0 |

**表3　回答者の経験年数**

| | | 人数 | % |
|---|---|---|---|
| ア | 1年目 | 3 | 4.3 |
| イ | 2、3年目 | 6 | 8.7 |
| ウ | 4、5年目 | 5 | 7.2 |
| エ | 6年以上 | 54 | 78.3 |
| オ | 無回答 | 1 | 1.5 |
| 合　計 | | 69 | 100.0 |

問2「絵本について学習した教科名」（複数回答）①「言葉」二七人（二七・六%）、②「保育実習事前授業」――二一人（二一・四%）、③「児童文化」――一九人（一九・四%）、④「乳児保育」――一五人（一五・三%）、⑤「美術」などを含む、その他――一一人（一一・二%）、⑥「保育絵本」――五人（五・一%）。

問3「絵本についてどのように学習したか」（複数回答）①教員が絵本を見せる――四〇人（三一・五%）、②学生が手にとって見る――三六人（二八・三%）、③図書館や書店で見るように指示――二二人（一七・三%）、④絵本作りや読み聞かせなどを含む、その他――一九人（一五・〇%）、⑤レポートを書く――一〇人（七・九%）。

問4「絵本の学習後、絵本に関する意識はどのように変化したか」（複数回答）①子どもに適切な絵本を読み聞かせたい――三九人（二九・一%）、②好きな絵本を購入した――三八人（二八・三%）、③書店で絵本をよく見るようになった――三八人（二八・三%）、④絵本が好きになる――一九人（一四・三%）。

問5「異文化・多文化絵本」をどのような時・場面で子どもに読み聞かせているか」（複数回答）①子どもの育ちや保育活動で必要と考える――五三人（六六・二%）、②子どもが話題にしている――一六人（二〇・〇%）、③保護者や地域の人に理解してもらう――六人（七・五%）、その他――五人（六・三%）、クラスに外国籍の子どもがいる、ついでニュースで話題になった時など。

この回答から、養成校で「絵本の学習」をする科目は決まっていないこと。学習方法も、実際に絵本を見る、読み聞かせをする、レポートを

書くなどさまざまであることが読み取れます。

「絵本の学習」の効果として、・絵本を書店で見るようになる、・好きな絵本を購入した、・子どもに適切な絵本を読み聞かせたいと思うようになった、など子どもに絵本を読み聞かせることの大切さを意識づけられたことが伺えます。

表4は、アンケートの「異文化・多文化絵本リスト」の中で、園が保有している絵本上位四冊であり、一位――『**スーホの白い馬**』（九頁）は五七園、二位――『**てぶくろ**』は五三園が保有していました。この二冊はロングセラー絵本として知られています。

表5は、絵本リストの中で保育者が読み聞かせたいと思う絵本の上位四冊で、一位――『**世界のことばあそびえほん**』（三頁）は一四人、二位――『**かあさん、わたしのことすき？**』（一八頁）は一二人、三位――『**魔法のことば**』（一八頁）は一一人が読みたいと回答しています。

表6は、アンケートの絵本リスト以外の絵本で保育者が子どもに読み聞かせたい絵本です。一位――『**たいせつなこと**』は言葉が美しい絵本。二位――『**おしっこぼうや**』（二四頁）、三位――『**せんそう**』（品切重版未定）、四位――『**なぜあらそうの？**』は、戦争や争いについての絵本です。五位――『**ええぞ、カルロス**』（品切）は、大阪市教育委員会主催の「第八回人権絵本原作コンクール優秀賞」受賞作品で、内容はブラジルから来た転校生と友達になりたいと考える男の子の話です。

六位――『**もったいないばあさんと考えよう世界のこと　生きものがきえる**』は、ケニアの環境保護活動家ワンガリ・マータイ女史が「グリーンベルト運動」を展開した実話を基にした絵本です。彼女は二〇〇四年にノーベル平和賞を受賞後、国連でこの言葉を紹介しました。このことがきっかけになり、絵本『もったいないばあさん』が日本中で話題になりました。

**表4　園にあるリストの絵本上位4冊**

| | 絵本名 |
|---|---|
| 1 | スーホの白い馬 |
| 2 | てぶくろ |
| 3 | せかいのこっきえほん |
| 4 | 旅の絵本 |

**表5　読み聞かせたいリストの絵本上位4冊**

| | 絵本名 |
|---|---|
| 1 | 世界のことばあそびえほん |
| 2 | かあさん、わたしのことすき？ |
| 3 | 魔法のことば |
| 4 | スーホの白い馬 |

保育者の意識

保育者の意識に関するアンケートで得られた主な意見は以下の通りです。

① 「異文化・多文化絵本」を活用している園の意見

- リストの絵本はほとんど知らない。
- リストのほとんどが知らない絵本で勉強不足を反省した。
- 八月の園の保育課題「平和週間」に関連絵本を展示し、保護者に紹介している。
- 人権や平和に関する絵本を展示することで、保育所と家庭が課題に一緒に取り組むことができ、課題への理解を深めるため、貸出もしている。

② 意識していない人の意見

- 「異文化・多文化絵本」を今まで自分から手に取ることはなかった。

**表6　保育者がぜひ読み聞かせたい絵本（2000年以降に出版された絵本）**

| No. | 絵本名 | 文・絵（訳） | 出版社 | 初版年 |
|---|---|---|---|---|
| 1 | たいせつなこと | M・ワイズ・ブラウン、L・ワイスガード(絵)うちだややこ(訳) | フレーベル館 | 2001 |
| 2 | おしっこぼうや | ウラジーミル・ラドゥインスキー、木坂涼(訳) | セーラー出版 | 2003 |
| 3 | せんそう | エリック・バトゥー、石津ちひろ(訳) | ほるぷ出版 | 2003 |
| 4 | なぜあらそうの？ | ニコライ・ポポフ | BL 出版 | 2004 |
| 5 | ええぞカルロス | 長澤靖浩、はせがわさちこ(絵) | 大阪市総合文化センター | 2006 |
| 6 | 生きものがきえる | 真珠まりこ | 講談社 | 2008 |

・「異文化・多文化絵本」は、外国の人が書いた絵本という認識だった。
・テーマを意識せずに、同名の本を読んでいた。
・絵本の出版社や作者は気にするが、絵本がどこの国の絵本かは意識していない。

③　アンケートで「異文化・多文化」の意識づけをされた人の意見

・「異文化・多文化絵本」を、どんな状況や場面で読んだらいいかを考えて適切な絵本を探そうと思った。
・絵本という教材で「異文化・多文化」を知るきっかけ作りをしていきたい。

④　意識して活用を考える人の意見

・いろいろな国の文化を知るために「異文化・多文化絵本」を活用したい。
・四・五歳の保育室には、地図や国旗に関する絵本やカードしかなく、世界の文化や習慣を伝える絵本も用意したいと思う。
・保育所にはいろいろな国籍の子どもが在園しているので、機会をとらえて子ども達に外国人の保護者から話をしてもらったり、保護者相互の信頼関係を深めるために絵本を役立てたい。

これらのアンケートの自由記述から考察できることは、保育者同士で「異文化・多文化絵本」を選び積極的に活用している園もありますが、あまり意識をしていない園もあります。しかし、保育者がアンケートに回答することで、「異文化・多文化絵本」の保有実態を確認し、地図絵本や国旗絵本の他に、世界の文化や習慣を伝える面白い絵本があることに気づくなど、「異文化・多文化」への意識づけの効果がみられました。

### 保育現場における「異文化・多文化絵本」の実践課題

アンケートの結果では、保育現場に「異文化・多文化絵本」は、ほとんどない状態が読み取れました。また、多くの保育者は養成校で絵本について詳しく学習をしていない実態が明らかになりました。

リストの中で、どの園も保有していた絵本は、**『スーホの白い馬』『てぶくろ』**の二冊ですが、これは、ベストセラー絵本として子どもに読み聞かせをしていたのであり、「異文化・多文化絵本」という認識をしていたわけではないと推察できます。

表6は、保育者が子ども達にぜひ読み聞かせたいと思う「戦争や人権」について考える絵本で、園の保育者の意識の高さが伺えます。また、アンケートがきっかけになり、「異文化・多文化絵本」の活用を考えたいという保育者の意識の変化も見られました。

「異文化・多文化絵本」を活用するには、まず保育者自身がどのような絵本があるのかを知り、保育者同士で子どもに読み聞かせたいと思う絵本の活用方法を検討する必要がある。さらに、外国の子どもの入園、外国人の訪問、異文化に関する園の行事などの機会をとらえて適切な「異文化・多文化絵本」を読み聞かせ、保育活動と結びつけていくことが大切ではないでしょうか。

**（福岡貞子）**

# (3) 三冊の「せかいちずえほん」の実践

幼児のための「せかいちずえほん」は長い間、一九九二年出版の『こどもがはじめてであうせかいちず絵本』（一一頁）だけでした。二〇〇八年に『はじめてのせかいちずえほん』（一一頁）と『世界がわかるちずのえほん』（一一頁）が出版されました。類似の絵本が長く出版されなかった理由は不明ですが、私達の実践研究では、子ども達が「せかいちずえほん」に出会うとたちまち大好きになり絵本の虜になることを確かめています。

この実践は、子どもが三冊の「せかいちずえほん」にどのように興味・関心を示し、絵本のどの内容に引き込まれるのか知りたいと考え、二〇一〇年に富山市立K保育所の異年齢児クラスで比較研究を行いました。以下は、その研究の成果をまとめた表です。

## ① 三冊の「せかいちずえほん」の比較

| 比較項目 | | | |
|---|---|---|---|
| |   こどもがはじめてであうせかいちず絵本 ●とだこうしろう ●戸田デザイン研究室 ●一九九二年 |   はじめてのせかいちずえほん ●ピエ・ブックス（企画） ●てづかあけみ（絵） ●ピエ・ブックス ●二〇〇八年 |   世界がわかるちずのえほん（改訂版発刊のため、旧版は絶版） ●スリーシーズン（企画・編集） ●ふゆのいちこ（絵） ●学習研究社 ●二〇〇八年 |
| 表紙 | ○白地に鮮やかな色合いの大陸地図、世界の全貌・大陸の大きさ・大陸の位置がわかる。<br>○人々が飛行機に乗っていて、世界旅行をしているような気持ちになる。 | ○丸い地球に並んだ民族衣装を着た人々が面白い。思わず♪「小さな世界」の曲を口ずさみたくなる。<br>○子ども達が一番好きなブルーの表紙。 | ○黄緑色の地色に、雲のように国が描かれ、その国を代表する建造物、動物、民族衣装を着た人々が乗っている。<br>○子どもは最初に表表紙・裏表紙を広げてじっくり見て楽しんでいる。 |
| 構成と内容 | ○宇宙、地球、それぞれの国の位置を代表的な特産物などで表現している。<br>○六大陸（山・川・湖・海）、気候、鉄道、動物などが描かれている。 | ○自分の住んでいる国を意識づける。六大陸ごとに位置と特徴を紹介している。<br>○北極・南極、山の高さ、川の長さ、海の広さ、動物、家、食べ物、時間、気候・気温、有名な物語、言葉、乗り物など、地球にはさまざまな人々が生活していることを伝えている。 | ○子ども達を世界旅行に誘い、六大陸別の地図で国名と国の形を紹介する。<br>○山、川、国の広さ、人口、建物、乗り物、食べ物などの世界で一番を紹介している。<br>○世界の人々はみんな友達、みんなの地球だということを伝えている。 |
| アジア地域地図の比較 | ○はっきりした色分けの地図で各国を紹介。その国の代表的な建造物や動物などを紹介している。<br>○各地域図に世界地図が添えられ、世界の中のアジアの位置が確認でき、地域の特徴が読み取れる。 | ○その国の代表的な建造物や動物などを絵で表現している。まず特色ある絵が目に入り、見ているうちに国名や首都を文字で読み取ることができる。<br>○アジアはユーラシア大陸としてとらえてあるのでロシアも記されている。 | ○カラフルに色分けされたアジアの地域地図と、はっきりした文字のシンプルな表記で各国の広さ、名前、首都などがわかる。<br>○アジアについてたくさんのことが書かれている。広さや特徴がよくわかる。 |

## (3) 三冊の「せかいちずえほん」の実践

| | | | |
|---|---|---|---|
| 山・川の比較 | ○世界の山と山脈を説明し、山の高さ比べでは富士山より高い山を紹介している。<br>○山や川がシンプルな構図で描かれていて子どもにわかりやすい。<br>○世界の長い川ベスト6を、見開きに長さを比較して表現している。川の色で、その川の特徴がわかる。 | ○山の高さ、形が見開きに描かれている。世界地図が同じ頁に描かれており、位置が確認できる。<br>○世界の川ベスト5と日本の信濃川、その川に住む動物が描かれている。 | ○見開きに高い山ベスト5と富士山、その山に住んでいる動物が描かれている。山の高さと形がわかりにくい。同じページに世界地図が描かれていて、どの大陸に位置するか確認できる。<br>○世界の川ベスト5と信濃川が描かれ、川の長さの比較から、日本の国が小さいことがわかる。<br>○その川に住む珍しい魚を知ることができる。 |

### ② 三冊の「せかいちずえほん」の実践の展開

| | | | | |
|---|---|---|---|---|
| **第一回目**<br>二〇一〇年七月二日<br>・ＡＢＣ三冊の「せかいちずえほん」を読む。<br>・一三：一五～一三：四五<br>・五歳児三三名 | 子どもの反応(○)と考察(▲) | ○表紙を見せ三冊の内容がわかるように頁をめくりながら見せると「世界の事がわかるいろいろな絵本があるんだね。同じところ、違うところは…」「この本の絵が好き」とＢの絵本に人気が集まる。<br>▲いろいろな内容が書かれ、絵が小さいので三三人が一緒に見るには無理がある。<br>▲運動会のテーマを共有し意識づけるための具体的な資料となった。 | ○同じ場面の「山の高さを見ようよ！」と絵本の共通の部分を見つけて提案している。<br>○三冊の山の高さの場面を開き並べて、じっくり見入る。山の高さ、形の違い、「世界一」という言葉がよく聞かれるようになる。「富士山は世界の一番にはかなわないね」「立山は書いてないね！」と残念そうに言う。自分の知っている山のことを気にしている。 | ○興味・集中力に個人差がみられ、図鑑的構成なので、クラス全員の読み聞かせ絵本には不向きである。<br>○保育者が読んだ後、興味をもった子どもが「絵本をかして」と言ってくる。自由遊び時間に自分の気に入った頁をじっくり、繰り返して見ている。<br>▲「せかいちずえほん」に興味を持ち、もっと見たいという子どもがいるので、いつでも見れるようにコーナーを作った。 |
| **第二回目**<br>二〇一〇年七月七日<br>・Ａ『こどもがはじめてであうせかいちず絵本』を読む。<br>・一三：一五～一三：四五<br>・五歳児三三名 | 子どもの反応(○)と考察(▲) | ○表紙をめくり、星の絵が出てくると科学博物館のプラネタリウムを思い出し、つぶやく子どもや目を閉じて星空を空想する子どもがいた。「お話が面白い」「よくわかるね」と言う。<br>○午前中の続きは三時のおやつの後、図書コーナーで読む約束をする。<br>○図書コーナーに二〇名が集まり、「せかいちずえほん」の面白さを共有する。<br>▲この絵本は図鑑的構成場面が多く、興味に個人差があるためか、絵本を順番に読んでいては集中力が持続しない。<br>▲全員に読み聞かせる時は、内容を選んで紹介することにする。 | ○表紙が見えるように絵本コーナーに置き子どもが自由に見ている。<br>○一人の子どもが「前に見た絵本(A)と同じ川や山の絵がある」と発見すると、「どれ、見せて！」と集まってくる。<br>▲子ども達は三冊の「せかいちずえほん」を自由に見ることができるので、見るたびに新しいことを発見しているのがわかる。<br>▲子どもの気づきを大切に受け止めながら、新しい情報がみんなのものになるように関わっていく。 | ○表紙が見えるように絵本コーナーに置くと、文字の読める子どもが中心になり集まって見ている。<br>○「別のちずえほんと同じ川と山とが、ここにもある！」と発見し、みんなで三冊の絵本を見比べている。<br>▲幼児も小学生のように調べることが好きだということがわかり、五歳児の好奇心の強いことに驚く。 |

| **第三回目**<br>二〇一〇年七月八日<br>・B『はじめてのせかいちずえほん』を読む。<br>・一三：一五～一三：四五<br>・五歳児三三名 | **第四回目**<br>二〇一〇年七月九日<br>・C『世界がわかるちずのえほん』を読む。<br>・一三：一五～一三：四五<br>・五歳児三三名 |
|---|---|
| 子どもの反応(○)と考察(▲) | 子どもの反応(○)と考察(▲) |
| ○表紙が見えるように絵本コーナーに置くと子どもが自由に見ている。<br>▲AとBの「せかいちずえほん」を読み聞かせると、子ども達は二冊の絵本を比較し、二冊とも好きになった。子どもの質問に対応できるように、世界に関する絵本や事典を用意しておく。<br>▲三歳児と五歳児では、「せかいちずえほん」の内容や場面に興味や関心の違いが見られるので、子どものようすをみながら、個別に関わるようにしていく。<br>▲五歳児は自分達で知りたいことを調べたり、保育者に尋ねたりして好奇心が強く、解決すると満足する。 | ○表紙が見えるように絵本コーナーに置くと、四～五歳児は一人で見たり、友達と一緒に見たりして楽しんでいる。<br>▲文字の読める五歳児は、自分が読める場面を得意そうに友達に読み聞かせている。それが刺激となり、文字に興味を持ち、覚えたいと思う子どもが見られるようになった。 |
| ○表紙を見ると♪「スモールワールド」のメロディを口ずさむ。「絵がかわいい」と言う。世界に住む動物の場面や世界の挨拶の場面など細かに描かれている所が出てくると「あとで、ゆっくりみたい」「ポスターにしたら楽しい。小さい子も喜ぶよ」「これで運動会のこと調べよう！」と絵をまねて、入場門の飾り作りが始まる。<br>○「山の高さ比べ、川の長さ比べ」では、高さや長さ、形と世界地図が同じ場面にあるのでよくわかる。大陸の位置、それぞれの国の位置を確かめようとしている。<br>▲子どもは表紙の楽しさにひき込まれ、文字を読み、新しいことを知った時は、喜びの声を上げて知らせている。 | ○表紙が見えるように絵本コーナーに置き、時々保育者も一緒に見て紹介すると三歳児もよく見るようになった。<br>▲絵本コーナーに子ども向きの世界地図を貼ると大喜びをして、知っている国を探して、見つけると保育者にも知らせにくる。<br>▲三冊の「せかいちずえほん」から、子どもの興味が広がり、新しい遊びが生まれるように、色えんぴつ、大・小の紙などを置いておくと、地図を描いたり、その国の特産物を書き込んだりして遊びが発展していく。 |
| ○表紙が見えるように絵本コーナーに置き、子どもが好きな時に見ることができるようにするとひとりで見たり、友達と一緒に見たりしている。<br>▲A、B、Cの三冊の「せかいちずえほん」を比較すると、AとBは三～四歳児が、好んで見ている。Cは五歳児が友達と一緒に楽しそうに話しながら見ていることが多い。 | ○「世界を旅行してみよう」と開いた頁をみて、知っている歌をうたいだす。<br>・オーシャンゼリーゼ（フランス）<br>・トレロカモミロ（スペイン）<br>・こきりこ（日本）など<br>○「世界で一番」の自然物・大きさ・食べ物等の図入りの比較表に興味を持つ。「困ったね、少ない！」「日本の世界一は見つからない」「どうする？」と話をしている。「あった！」「青函トンネルは、世界で一番だ！」「どこにあるか、日本地図で調べてみよう」。<br>▲日本の世界一を見つけて、みんな大喜びをしている。自分の国を自慢したいのは子どもも同じだとわかる。 |

| | 第五回目 | 第六回目 |
|---|---|---|
| | **第五回目**<br>二〇一〇年八月五日<br>・「どの絵本が好き？」<br>三冊の「せかいちずえほん」の中で「どの本が好きか」尋ねる。<br>・一三：一五～一三：四〇<br>・五歳児三三名 | **第六回目**<br>二〇一〇年八月二四日<br>・運動会のテーマと活動の発展<br>・一三：一五～一四：〇〇<br>・五歳児グループ活動<br>「せかいちずえほん」で調べる。<br>・子どもが調べた国<br>①日本　②ブラジル<br>③フランス　④チリ |
| | 子どもの反応(○)と考察(▲) | 子どもの反応(○)と考察(▲) |
| A | ○Aが好き＝五名<br>〈子どもの好きなところ〉<br>①「宇宙・地球ができて、世界の始まりがわかりやすい」「その頁の話を読んでいると不思議な感じがしてワクワクする」<br>②「世界地図の頁が好き。写し絵にして自分達で世界地図を作れるから…」<br>▲「せかいちずえほん」コーナーを作り三冊をいつでも見れるようにしていたので、クラス全員が好きなときに見て楽しんでいた。 | ○「ちずえほんで、世界のことを調べて楽しくなったから、運動会は世界のことをしよう！」運動会のテーマを五歳児の「集まり」で決める。鼓隊の曲は〝こきりこ〟（日本）、フラッグダンスの曲は〝オーシャンゼリーゼ〟（フランス）を演奏したいと希望する。<br>▲昨年の四歳児のときに国旗に興味を持ち、国旗を見ながらいろいろな国があることを知った。五歳児になり、三冊の「せかいちずえほん」から、自分達の知らない世界のことを知りたいと思っているようすで目的は達成しているように思う。 |
| B | ○Bが好き＝一八名<br>〈子どもの好きなところ〉<br>①「絵が楽しく見ていたらいろいろな国のことがよくわかる」<br>②「日本は、ロシア・アメリカ…世界の国と比べると、とても小さい。だから、富士山も低く、信濃川も短いんだね」<br>「富士山はあんなに高い山なのに…」<br>「エベレストって雲の上まで続くのかな？　ジャックと豆の木みたい！」（富士山に登ったことのあるR子が言う） | ○「異年齢（三～五歳児）のみんなで、野外劇をしよう！」と三歳児は、モアイの曲（チリ）、四歳児は、サンバの曲（ブラジル）、五歳児は和太鼓のリズム（日本）に決めて楽しむ。<br>○「日本、フランス、ブラジル、チリのポスターを作ろう！」と言い出し、調べたこと、知っていることを楽しい雰囲気の中で友達と賑やかに共有している。<br>▲それぞれの国のテーマ曲を準備し、曲と国のイメージがマッチするように考えて提案する。<br>▲子ども達は三冊の特徴をつかみ、好きな絵本を選び、活動の動機づけにしている。 |
| C | ○Cが好き＝一〇名<br>〈子どもの好きなところ〉<br>①「何でも世界の一番がわかる」「たくさん一番があった、日本は一番がない！」「トンネルの長さが一番だ、青函トンネルや」などと文字が読める子どもがいろいろ見たり調べたりしたことをみんなに教えている。<br>②「何でも少ないから、よその国と喧嘩したり、物を大切にしなかったりするといろいろな物がなくなって困るんだって…」（母に聞いたことを話す、物知りなA子）<br>▲物を大切にすることや〝エコ〟環境などに話題が発展するようにすればよかった、と反省する。 | ○その国のことをよく知っている子どもが中心となってグループで調べ、その国を紹介するポスター作りをする。<br>○三冊の「せかいちずえほん」を利用して自分達の調べたことをポスターに書き込んでいる。「せかいちずえほん」を毎日見て、よく知っている子どもがリードしている。<br>○「こっきえほん」を持ち出しチリやブラジルの国旗を描いたり、「せかいちずえほん」で位置を確かめたりしている。<br>▲「せかいちずえほん」で自分達がやりたいと思う具体的モデルの絵を、上手に見つけることに感心する。 |

| | | A | B | C |
|---|---|---|---|---|
| **第七回目**<br>二〇一〇年九月一五日<br>・"ちずえほん"コーナーで調べる。<br>(三冊のえほんを広げ同じ部分を話合っている)<br>・九：〇〇～九：四五<br>・五歳児四名 | 子どもの反応(○)と考察(▲) | ○世界の国の形に興味をもち、動物やものの形に例えて、楽しんでいる。<br>○インド＝鳥、パキスタン＝恐竜、スリランカ＝おにぎり・火の玉、サウジアラビア＝ブタ、イラン＝サイ<br>▲子ども達の希望により、三冊の「せかいちずえほん」を継続してコーナーに置くことにし、子どものようすを観察する。 | ○立山に園外保育に出かけ、山の高さや形、大きさに関心を持ち、「"山のくらべっこ"のところを見よう！」「立山ないね！」「立山は、あんなに大きかったのに…」。世界の山の高さ・形・場所等をそれぞれに自分の好きな絵本で確かめて楽しんでいる。<br>▲珍しいことが好きな子ども同士が語り合いながら、ひとりの発見したことをみんなに伝えて一緒に喜び、伝え合うことの楽しさを味わっているようであった。 | ○Cの絵本の「せかいでいちばん」の頁を一枚ずつめくりながら「富士山は日本一でも世界一にはかなわないんだ」、青函トンネルの長さが世界一だと知ると、「日本も一番があってよかったね」等と会話がはずみ、日本のことが記載されているとみんなに知らせて大喜びしている。<br>▲幼児にも自分の国を自慢したい気持ちが見られ、青函トンネルの長さが世界一だと知ると、みんなで大喜びする姿に「子どもの愛国心」を感じた。 |
| **第八回目**<br>二〇一〇年九月二二日<br>・コーナーでの遊び<br>・一五：三〇～一六：〇〇<br>・T男＝五歳児・アスペルガーの子ども | 子どもの反応(○)と考察(▲) | ○子「先生、ロシアのこと知っている？　大きな国だよ。寒くて冬が大変なんだ」<br>保「すごいね！　よく知っているね。誰に教えてもらったの？」<br>子「"せかいちずえほん"で、読んで覚えた」<br>▲T男は得意なことや自信がもてることが見つからず、みんなとのペースが合わない。困ったことがあると泣き暴れたり、その場でうつ伏せになっていた。昨年の生活発表会で五歳児と国旗を紹介したことがきっかけで、今は誰よりも世界のことを調べて、よく知っている。友達からは"世界博士"と呼ばれて世界のことを聞かれると嬉しそうにしている。 | | |

（村崎千津子）

## (4)「多文化絵本」の実践事例

「多文化絵本」の環境を整える

私の幼稚園では、「多文化絵本」について意図的に読み聞かせをしていませんでした。表1の「異文化・多文化理解」絵本リストの中で園にある絵本は七冊で、**『こどもがはじめてであう　せかいちず絵本』**（一一頁）、**『せかいのこっきえほん』**、**『スーホの白い馬』**（九頁）、**『世界あちこちゆかいな家めぐり』**（四頁）、**『せかいのこどもたちのはなし　はがぬけたらどうするの？』**（三頁）、**『せかいのひとびと』**（二頁）、**『てぶくろ』**（五三頁）です。

本園は絵本に力を入れていると自負していましたが、そのほとんどは物語絵本であることに気づき、「多文化絵本」の実践研究を始めたことで課題が見えてきたことをチャンスととらえたいと考えました。

最初に取り組んだのは若い保育者への「多文化絵本」の読み聞かせの大切さを意識づけることでした。保育者が取り組みやすいと思われる絵本を一〇冊選び、図書館から借りてきました。「この中から二〜三冊を子ども達に読み聞かせてみてはどうかしら？」と五歳児の担任に紹介すると、「こんな絵本があったんだ」と驚き、表紙や絵の美しさ、素晴らしさに感動し、「多文化絵本」の魅力をすぐに理解することができました。

**事例1**

| | | | |
|---|---|---|---|
| 絵本名 | せかいのこどもたちのはなし　はがぬけたらどうするの？ | | |
| 作者・訳 | セルビー・ビーラ（文）、ブライアン・カラス（絵）、こだまともこ（訳） | | |
| 出版社 | フレーベル館 | 初版年 | 1999年 |
| 対象年齢 | 5歳児 | | |

| 実践日 | 時間・状況 | ○子どもの反応　・　▲考　察 |
|---|---|---|
| 11/24（水） | 10:00〜 クラス保育 | ○登園してくるなり、「今日歯が抜けた」という子どもがいた。すると、「どこ？」とみんなでその子どもの歯をのぞきこんで、「ほんまやー、歯抜けや！」「私もこないだ抜けたよ、2本目や」と自分の歯を見せている子どもや、友達同士で見せ合っている子どももいた。そこで、「みんなは歯が抜けたらどうするの？　世界の子ども達はどうしているのかなあ」と問いかけた。<br>子ども達に、「どこの国のことを知りたい？」と尋ねると、「アメリカ」「韓国」「中国」など、口々に自分の知っている国の名前を言う。その他、友達の国オーストラリア、英語の先生の国カナダ、年中組の友達の国の韓国などが出てきたので、順番に紹介していった。その国のことを知ると、「えー、ねずみの歯？　そんなんいやや」「へぇー、ドイツは何にもせーへんの？」「何でやろ？」と、驚いたり、納得したりしていた。中でも一番人気の、アメリカでは、抜けた歯をお金に換えてくれることを知ると「えっ、お金に換えてくれるの？　私もその国に行きたいわ」「お金くれる妖精が日本にも来てくれへんかな」などと自分の思いを言っていた。<br>○子どもが知りたいという国の場面を順番に見せていったので、最後まで飽きることなく興味を持っていた。読み終わると、カナダ人の英語の先生に、いま知ったことが本当かどうかを確かめに行っていた。そして、「今度歯が抜けたら、中国みたいにやってみよう」と言う子どももいた。<br>○次の日、**『こどもがはじめてであう　せかいちず絵本』**（11頁）を引っ張り出し、「あった！　ドイツここや」とドイツの地図を友達に見せて回っていた。その後も、この絵本は人気があり、自分の興味のある国の場面を繰り返し見て楽しんでいた。<br>▲クラスの子ども達は、いま乳歯が生え変わる時期で、友達の歯が抜けている姿を実際見ているので、関心が深まり、外国の習慣への興味が広がった。 |

（川越恵美子）

### 「せかいちずえほん」は面白い

三冊の「せかいちずえほん」で、山や川などの「世界で一番」を知り、保育者も子どもと一緒にワクワクしながら、「日本の一番を探そうよ」と言って絵本を熱心に見ています。「せかいちずえほん」は、調べると六冊もあることがわかり、図書館で借りることにしました。

保育者が読み聞かせた絵本に興味を持ち、絵本棚の「多文化絵本」を見ている子どもの姿が見られるようになりました。とりわけ、「せかいちずえほん」に人気があり、常に何人か一緒に熱心に見ています。

一方、保育者も保育の合間のちょっとした時間を上手に活用して、保育者が読み聞かせたいと思う「多文化絵本」を取り上げています。三学期には、たくさんの「多文化絵本」を子どもも保育者も大好きになり、とくに「せかいちずえほん」は友達と一緒に楽しそうに見ています。

図書館の貸し出し絵本の中から、子どもが好きな絵本や、保育者が希望する絵本を購入して、クラスの絵本棚に置くようにしました。さらに、職員会議の後に、四～五歳児担当の保育者で話し合いの場を設けて、「多文化絵本」の活用の仕方や子どもの反応などを話し合い、相互理解を深めていきました。すると、五歳児の担当者から子どもに人気がある**『世界のあいさつ』**（三頁）や**『せかいのパン　ちきゅうのパン』**、三冊の「せかいちずえほん」など

**事例２**

| | | | |
|---|---|---|---|
| 絵本名 | アフリカの音 | | |
| 作者・絵 | 沢田としき | | |
| 出版社 | 講談社 | 初版年 | 1996年 |
| 対象年齢 | ５歳児数名 | | |

| 実践日 | 時間・状況 | ○子どもの反応　・　▲考　察 |
|---|---|---|
| 第１回<br><br>9/28<br>（火） | 10:00～<br>朝の絵本の時間 | ○運動会で太鼓の練習をしているので、この絵本の表紙を見るなり「保育園の太鼓とはちょっと違うな～」と言いながら、興味を持っている。<br>○アフリカ人が太鼓を打つ場面では、「うわー、サルみたい」という声が出た。以前読んだ**『せかいのひとびと』**（２頁）を思い出したＡ子が「黒い色や白い色の人がいたよ」、Ｂ子「目の色も違うし、いろんな人がいるんだよね」と言う。周りも「そうか」と納得していた。<br>また、「命のつながりにありがとう」の食物連鎖の場面では、㊣「みんなが魚を食べるということは、魚の命をもらっているからいただきますって言うんだよ」と話すと、「あーほんまや、だからいただきますなんや」とうなずいていた。そして、給食の時間には「私たちは食べ物の命をもらっているんだねー」としみじみ言う子どももいた。<br>▲アフリカの生活は、日本人には親しみがないが、人間は自然界の生き物によって生かされていることを知り、子どもなりに、自然に感謝しているようだった。 |
| 第２回<br><br>9/30<br>（木） | 15:30～<br>クラスタイム | ○２日前に同じ絵本を読んでいるので、絵本の内容を覚えている。「この太鼓、ヤギでできてるねんでー」、「アフリカ人が出てくる話や」と言う。絵本を読み進めていき、躍動感のある祭りの場面になると目を輝かせて、「ぼく達の太鼓は何でできているんやろ？」「ヤギかな？　ウシかな？」「ありがとうと思って叩かなあかんな」などと、自分達の取り組んでいる活動と置き換えて考えているようだった。<br>○その後、友達同士で絵本の場面の真似をして、「グンゴトパ」と言って足を踏み鳴らしながら、実際に太鼓を叩いて楽しそうに遊んでいた。<br>▲子ども達は思いきりアフリカを感じ、ダンスや太鼓を通して、アフリカの文化に親しみを持ったようだった。子どもは絵本の場面を見ただけで、まるでその国に行ったような気持ちになれるという、絵本の持つ優れた特性を改めて確かめることができた。 |

（九二香里）

**事例３**

| | | | |
|---|---|---|---|
| 絵本名 | どこに いるか わかる？ | | |
| 作者・絵 | ユネスコ・アジア文化センター（編）、松岡享子（訳） | | |
| 出版社 | こぐま社 | 初版年 | 1988年 |
| 対象年齢 | 第１回　４歳児５名、　第２回　４歳児４名 | | |

| 実践日 | 時間・状況 | ○子どもの反応　・　▲考　察 |
|---|---|---|
| 第１回<br>6/11<br>（金） | 14:20～<br>預かり保育の子ども | ○表紙を見て、「どの子を探す？」と聞くと、「私、この子がいい」と自分の好きな子どもを指定する。目次を見て、「先生、これ何が書いてあるの？」と尋ね、「世界のいろいろな国の名前だよ」と答えると、「へえー、いっぱいあるねー」と感心する。<br>○子ども達は、各国の場面に出てくるモデルの子どもを探すことに夢中になっていた。保育者がその国の特徴的なものを見つけて、「これは何かしら？」と一緒に考えようとすると、「わたし、これ好き」「なんだこれ！」と興味を示した。観覧車や風船、ゾウ、食べ物など身近なもの、知っているものに興味があるようだった。その国の絵や情景によって、子どもの好みがあり、もう一度よく見る場面と、さっと終わり次の場面に進む場面とがはっきりしていた。<br>○この絵本は、20カ国の絵本作家により描かれたバザーが展開する長い絵本です。モデルの子どもを探すことに飽きたのか、３分の２くらい見たところで「もう終わりにする」と言うので、続きは明日にすることにした。<br>○「読み聞かせ」の後、絵本棚に置いておくと、内容が単純なので文字が読めない子どもでも手に取り、モデルの子どもを見つけると、「ここや！」と楽しんでいた。<br>▲最初は、モデルの子どもを「探す」ことに興味が集中していたが、何度か手に取り、確かめ読みをするうちに、最初は気づかなかった珍しいものを見つけるようになり、興味を持ったものや発見したことを友達や保育者に伝えている姿が見られた。 |
| 第２回<br>9/21<br>（月） | 14:50～<br>預かり保育の子ども<br>○保育者の膝の上でのスキンシップを取りながらゆったりと読む | ○表紙を見てすぐに「私、その本見たことある」と言う。以前と同様に、自分の好みの子どもを指定し、子どもの気に入った場面を開いて保育者が読み聞かせている間にモデルの子を探していた。見つけると、「あ、これ、ここにいたわ」と再び次の場面を開けて、今度はその場面の国の名前を探し出した。その後、表紙を見て、自分の好きな子どもの絵を見つけると、また目次のカタカナ文字を確かめることを熱心に何度も繰り返していた。<br>○この本を見るのは２度目なので、モデルの子どもを見つける時は「この辺やったなー」と言いながら、場面の中で素早く見つけ、「あったー」と大声を上げていた。<br>○ネパールの場面では、高い山車（だし）の絵を見て、「この中に何が入っているんやったっけ？」と保育者に尋ねる姿も見られた。<br>○いろいろな国の観覧車に興味を持ち、面白そうに見ていた。とりわけ、食べ物や子どもが遊んでいる場面を指して、「これなに？」「これ欲しい！」と見つけたことを口々に言っている。<br>○見終わった後で、絵本の後ろの頁にアジアの地域図があることに気づき、それを見ながら「日本はここ？」「英語の先生のオーストラリアはどこやろ？」と次々に興味がつきないようだった。<br>▲一度見ただけなのに、子どもにしっかりと記憶があり「この本知ってる」と言ってとびついてきた。４歳のこの子どもは、まだカタカナは読めないが、国名のカタカナに興味を持ったようで、目次でもう一度カタカナの文字が同じか確かめて「うん、これや」とうなずく姿を見て、子どもが文字に興味・関心を持つレディネス（準備性）を確認することができた。この子はカタカナで表記する国名を知ったことがきっかけとなり、カタカナ文字へ興味を持ったようである。 |

**（川越恵美子）**

を「次は、この本をうちのクラスに置いて欲しい」と希望を出すようになりました。「多文化絵本」の面白さがわかってくると、ちょっとした合間の時間を使って意図的に絵本の読み聞かせを取り入れようとする前向きな姿が見られるようになり、実践の確かな手ごたえが感じられました。

一学期には、三冊の「せかいちずえほん」を五歳児クラスに交互に置いていました。しかし、子ども達が、「ぼくらの部屋にもこの本欲しい」と自分が見たい絵本を隣のクラスに借りに行く姿が見られたので、二学期には、子ども達が取り合うほど人気のある『**はじめてのせかいちずえほん**』（二一頁）を各クラスに購入することにしました。

子ども達は、自分の興味のある本や内容、新しく発見したことなどを得意そうに友達に紹介して一緒に喜び合っているのです。三冊の「せかいちずえほん」は、常に誰かが見ている一番人気の絵本となりました。

### 「せかいちずえほん」から作品展へ

二学期の行事「作品展」で「何を作りたいか?」たずねると、「せかいちずのものがいい！」と口々に言い、さっそく自分たちの作りたいものを考え始めます。グループ別にや

**事例４**

| | | | |
|---|---|---|---|
| 絵本名 | はじめての せかいちずえほん | | |
| 作者・絵 | ピエ・ブックス（企画）、てづかあけみ（絵） | | |
| 出版社 | ピエ・ブックス | 初版年 | 2008年 |
| 対象年齢 | ５歳児クラス | | |
| 実践日 | 時間・状況 | ○子どもの反応 ・ ▲考 察 | |
| 11/24（水） | 11:40～<br>クラスタイム<br>○見たい子どもが集まる。<br>15人 | ○絵本『**はじめてのせかいちずえほん**』の表紙を見せると「あっ、それめっちゃ、面白い本やで」とすぐにみんなが寄ってきた。地球にある陸地はヨーロッパ、アジア、アフリカなど、大きく６大陸に分けられるという場面を見て、日本はアジアの国の一つと話すと「日本て、アジアなんや！」「えっ！ 中国も？ インドも？」と驚いていた。世界には富士山より高い山がたくさんあることを知ると、「えっ、うそやー」「すごいなぁ」と感心している。前日にも絵本を見ている子どもは、「そうやでエベレストは、めちゃくちゃ高い山やで」と友達に得意げに教えている。<br>○世界の食べ物、服装、乗り物などの場面から洋服のことが話題になり「日本の服は着物やで」と、お互いに知っていることを教え合っている。着物は「七五三参り」で着た経験があり、「わたし写真撮ったわ」「きれいな頭にしてもろた」とよく覚えている。<br>○日本の昔話『**てんまのとらやん**』（67頁）の絵本を読んでもらい、とらやんが着物を着ていることを知ると、どんな家に住んでいたのか知りたがる。絵本を見ると小さな家がくっついている長屋が出てきた。Ｙくんが『**おじいちゃんのおじいちゃんのおじいちゃん**』（長谷川義史、BL出版、2000年）を持ってきて、「ここにも着物あるで」と言った。ちょんまげと着物と長屋に興味を持ち、「とらやんは、ひいひいひいひいひいひいじいちゃんなんかなぁ」「そうや、そうや」と笑い合っている。３冊の「ちずえほん」と『てんまのとらやん』は自由に見ることができるように、クラスの絵本棚に置いておく。<br>▲「造形展」が終わり、「生活発表会」に向けての環境構成として、３冊の「せかいちずえほん」『**国際理解に役立つ民族衣装絵事典**』（５頁）、『**世界あちこちゆかいな家めぐり**』（４頁）などを紹介することにした。子ども達の大好きな絵本は、『てんまのとらやん』だった。「とらやん、とらやん、どこいくねん」と歌うように言いながら、「とらやんごっこ」を楽しんでいた。この盛り上がりをチャンスととらえ、天満の「大阪くらしの今昔館」を見学に行くことにした。 | |

（九二香里）

りたい国を話し合い、オーストラリア、エジプト、ドイツ、アメリカなどみんなが知っている国を取り上げることに決まりました。

子どもたちは「作品展」で取り組んでいる国のことを家庭で話題にし、「お父さんがインターネットで調べてくれた！」とカラー刷りの外国の情報を得意そうに友達に見せています。

三冊の「せかいちず」絵本から発展した遊びは、「作品展」が終わった後も、いつも子ども達の話題となり、新しい遊びが生まれるきっかけとなりました。

今年度の反省をもとに来年度は引き続き、保育者間で「多文化絵本」を読み聞かせることは勿論ですが、どの絵本を、いつごろ、どのように活用するのがよいかなどを話し合う時間を定期的に設けるようにして、保育者への啓蒙を図っていきたいと考えています。また、保育者が「子どもにぜひ読み聞かせたいと思う絵本」は、まず図書館の貸し出しを利用し、子どもの反応を見ながら購入を決めるようにして、子どもの好きな「多文化絵本」を増やしていくようにしたいと考えています。

**（川越恵美子）**

**事例５**

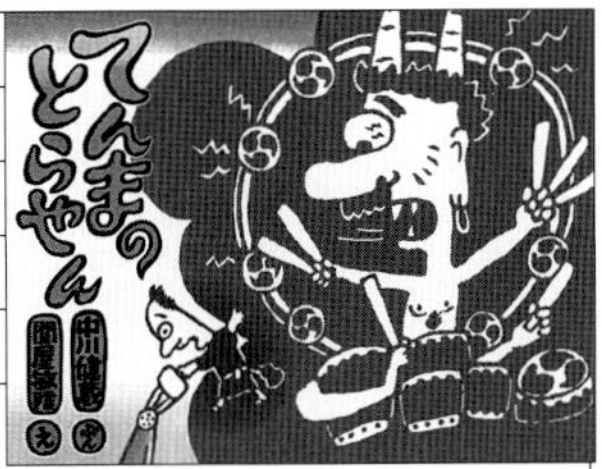

| 絵本名 | てんまのとらやん | | |
|---|---|---|---|
| 作者・絵 | 中川健蔵（作）、関屋敏隆（絵） | | |
| 出版社 | 遊タイム出版 | 初版年 | 1999年 |
| 対象年齢 | ５歳児クラス「ひまわり」28名 | | |

| 実践日 | 時間・状況 | ○子どもの反応　・　▲考　察 |
|---|---|---|
| 11/26<br>（水） | 10:00〜11:30<br><br>引率保育者<br>４人 | ○ひまわり組（５歳）が絵本『**てんまのとらやん**』の劇遊びをすることになったので、午後から地下鉄に乗って天満の「大阪くらしの今昔館」へ見学に行くことになった。子ども達は、絵本に出てくる「てんまのとらやん」が実在していると思っている。当日は朝から“とらやん”との出会いに期待し、出かける準備を手早くして待っている。「てんまのとらやんのおうちへ行くねんな」「傘屋もあるかな？」とワクワクしているようすが見られた。「大阪くらしの今昔館」に着くと、「とらやんの家や！」と歓声を上げ、「井戸もあるよ」と長屋の前に積み上げた桶を見つけて、「ここ、桶屋かな？」と言ったり、昔の絵を見て、「着物や！　とらやんと同じや」と喜んでいた。<br>○館内を案内する人の話を真剣な眼差しで聞いていた。昔の便所を見つけて「わっ！　こうしておしっこするんやでー」などと、みんな賑やかに興奮して見て回った。昔の台所のかまど（へっつい）に薪を入れて火をおこし、大きな釜でお米を炊いていた話を聞くと、「へー、すごい！」と感心し、後ろの友達に「こうやってフーフーして火をおこして、ご飯を炊くねんー」と、今聞いたばかりの説明の通り火吹き竹を吹くしぐさを真似ながら、友達に教えている。<br>○昔の暮らしのようすをいろいろ聞いて驚きながら進んで行くと、畳の部屋に布団がたたんであるのを見つけた。子ども達は「布団は今も昔もかわれへんなー」「これ、紙ふうせんや」「こまもある！」「このお菓子食べたことある、今と一緒や」などと自分が見つけたことを口々に言っている。子どもにも昔のものと、今も生活に使っているものを見分けることができるのである。自分が知っているものを見つけると大喜びで、仲の良い友達に知らせようとする。幼児には、時代の移り変わりや生活様式の変化を理解することはまだ難しいと思っていたのだが、みんなの好きな“とらやん”が、絵本で見たのと同じ暮らしをしていたことがわかり、みんな納得し親しみが増したようだった。<br>○劇遊びのせりふのやりとりも滑らかに言えるようになった。「あんさん、うなぎ食べたいわぁ」「ほんなら、うなぎ捕りに行きまひょか？」「とらやん、とらやん、どこ行くねん」と、大阪弁の軽妙なせりふのやりとりをする。<br>▲祭りのはっぴを着た愉快な“とらやん”と登場人物の面白いやりとりの「とらやんごっこ」は、生活発表会のあとも、子ども達の大好きな遊びとして続き、３冊の「ちずえほん」と『てんまのとらやん』から発展した遊びは、２カ月もの間盛り上がり、次々に遊びが生まれ子ども達と共に達成感を味わった。 |

**（九二香里）**

## (5) 『おすしのせかいりょこう』の劇遊び

### 「いちご組」の劇を創る

毎年、一一月の「生活発表会」では、四つの異年齢クラス（三～五歳）がそれぞれ、自分達のやりたい劇遊びを創り、友達や保護者に見てもらうのを楽しみにしています。今年は「食育に関するもの」をテーマにしたいと考えて、四月から絵本コーナに「おにぎり」「パン」の絵本、「食べ物図鑑」、**『あっちゃんあがつく　たべものあいうえお』**（みねよう／原案、さいとうしのぶ／作、リーブル、二〇〇一年）などの絵本を用意しました。子どもの遊びのようすを見ながら、季節感のある絵本や子どもが興味を持つ絵本を入れ替えることにしました。

九月の運動会で万国旗を描き園庭に掲げたことで、五歳児が「世界のいろいろな国」に興味を持ち、S男（五歳）が「先生、エジプトではソラマメがよく採れるんだって」と言うと、他の子ども達も口々に「フランスは、パン」「イタリアはピッザとスパゲッティだ！」などと絵本で知った世界の特産品を得意そうに言います。

運動会の数日後、さっそく五歳のS子とR子が、「今年の劇は、どうするん?」と尋ねます。「私、『おすしのせかいりょこう』したいな！」「あの本は小さい子も大好きだしね」と言います。保育者に熱心に訴える二人の顔はやる気にあふれ、みんなで楽しみにしている「発表会の劇遊び」に、自分達の考えた出し物をやりたいという強い気持ちにあふれています。

**『おすしのせかいりょこう』**（竹下文子／文、鈴木まもる／絵、金の星社、二〇〇八年）は、七月の「絵本タイム」に初めて読み聞かせて以来、子ども達が何度もリクエストする人気絵本です。とりわけ、「コトトン、コトトン、コトトントン」と回転寿司のくるくる回るオノマトペの部分が大好きで、みんなで楽しそうに口ずさみます。また、お寿司がいろいろな国を訪れて交わす挨拶を真似るのを面白がり、「ハロー！」「ボンジュール！」「マドモアゼル！」などと得意そうに挨拶しています。いつの間にか、三歳児も覚えて一緒に楽しそうに言い合っています。

絵本の場面は、それぞれの国の景色、言葉、音楽、気候、食べ物の匂いさえ伝わってくるようで、頁をめくる度に子ども達はその国の特徴をすばやく見つけます。そして、絵本を読み終わると、「今日も、世界を一周したね」と満足するのです。

子ども達の興味が一層広がるように、**『せかいのこっきえほん』『世界のことばあそびえほん』**（三頁）、**『世界あちこちゆかいな家めぐり』**（四頁）、**『うしはどこでも「モ～！」』**（三頁）などを絵本コーナーに加えました。さらに、保育室には手づくりの大きな世界地図を貼っておきました。

国々のおいしい食べ物を紹介している

① 五歳児が「お話づくり」をする

S子とR子を中心に五歳児が集まり、自分たちの劇について「何を」「どんな風にしたいのか」を話し合いました。「お寿司の材料」「世界の国の国旗」「あいさつ」「食べ物とその国らしいこと」「その国の特産物の紹介」「それぞれの動きにぴったりの音」などを考えて表現することに決まりました。回転寿司たちがどの国を回るのかについては、一人ひとりに考えがあり、もめていましたが、最後には、アメリカ、ブラジル、

エジプト、イタリア、フランス、ロシア、日本、南極、宇宙を巡ることに決まりました。

「劇遊び」の発表時間は、一クラスごとに二〇分程度という制限があります。けれども五歳児達は、「やりたいことは、全部やる」と意気込んでいます。「これがいいよ」「やっぱり、前のほうがいいよ」と意見を出します。みんなで分担して、それぞれの国のことを調べます。保護者と一緒にインターネットで調べた子、家にあった外国のポスターや旅行ガイドブックを持ってくる子、図鑑を見て国別絵本を作る子など、みんなの興味・関心は一層高まっていきます。

3・4・5歳児が一緒にロシアを演じる

R子が作ったマトリョーシカのペープサート

毎日、どの子ども新しい発見をしたり、劇に使うものを工夫して作ったり、出来上がった作品をみんなに見せて実際に演じてみたりして熱中しています。三歳児は四～五歳児が集中して面白そうに取り組むようすを見て、ワクワクしながら後ろをついて回り、一緒に感心したり、笑ったりして午前中の保育時間はアッという間に過ぎてしまいます。

五歳児の張り切る姿には、「ようやく自分たちの出番がきた」という喜びと自信が感じられます。縦割りクラスの子ども達は三歳のときから、ずっと年上の友達が「劇遊び」を楽しそうにしているようすを見てきたので、「いつか、自分達がリーダーになり、考えたことを思いどおりにやってみたい」と願っていたのです。保育者にも五歳児が一生懸命に考えて、劇を創ろうとする気持ちが伝わってきます。

昨年の一一月に、ロシア人のRちゃんが入園してきました。友達から「ロシアのことは、Rちゃんにまかせたよ」と言われて、R子は母親からロシアの食べ物、特産物などを聞き、ロシアの絵本を持ってきて友達の前で得意そうに紹介しています。またマトリョーシカの人形のペープサートを作り始めました。R子の作品は色使いが明るく、ロシアらしさが出ていて素敵な絵です。

国旗づくりは、五歳児が絵の好きな四歳児をリードして一緒に色を塗ったり、世界の美味しい食べ物をリストアップしたりして、ポスターに仕上げました。そのうちに、三歳児も新聞折込の回転寿司のチラシを持ってくるようになり、寿司の絵を切り取って五歳児に「これ、どこに貼るの?」と尋ねて、壁面に貼り付けています。

② その国に「ぴったりしたもの」を探す

劇では、その国の特色のあるものを表現することになりました。エジ

子ども達で進行していく劇遊び

自分達で劇に必要な物を作る

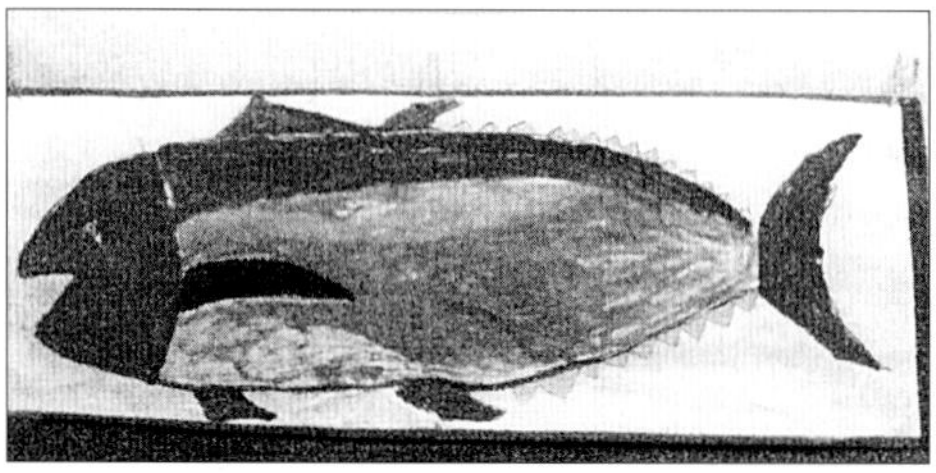
３mのマグロの実物大を、子どもと一緒に作った。

お寿司のお米は、富山名産の“コシヒカリ”

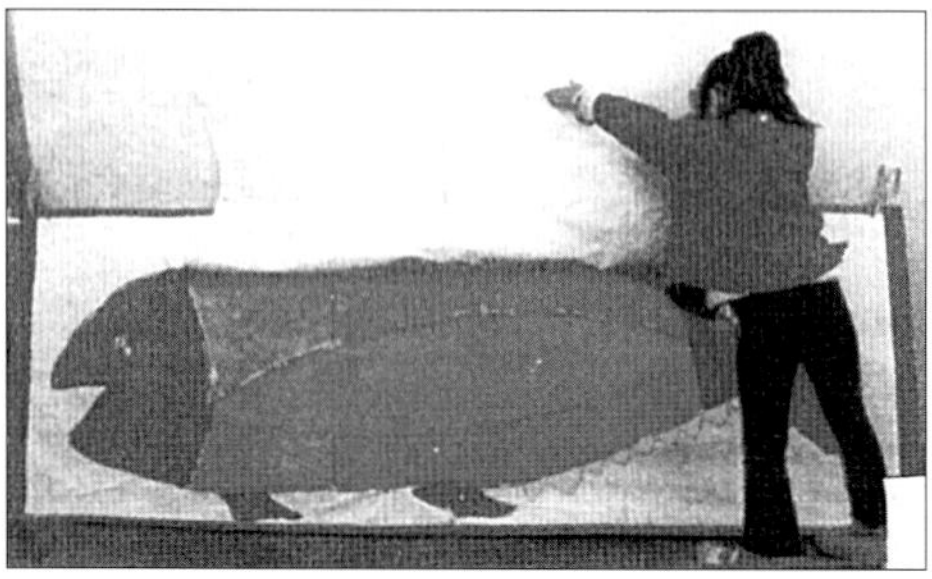
○上段のマグロの腹部の紙を開けると、中身が現れる。
○下段のマグロは、図鑑で大トロ・中トロ・赤身の部位を調べて色分けして描いた。

エジプトのイメージにぴったりのラクダ、ピラミッド、スフィンクス、ツタンカーメン

プトはピラミッドとスフィンクス、ロシアはR子ちゃんの国、ブラジルはサンバの踊りとリズム、インドネシアはリズミカルな竹おどりです。みんなに人気のあるこの四つの国は、他の国よりも詳しい表現を考えることにしました。

五歳児は、一人で二つも三つもの国を受け持って演じることになりました。毎日続く「劇遊び」の中で、一人ひとりの子どもの得意なことが発揮されたり、友達が見つけて言ったりします。年下の友達をリードして遊ぶのが得意な子ども、主役でストーリーを進めてリーダーシップを発揮するS子、何でも知っていて、三～四歳児から「せかいはかせ」と呼ばれているA子とN男、「インドネシアとブラジルの踊りは、ぼくにまかせて」と音とリズムに興味があり体で表現するのが大好きでいつも楽しそうに踊っているK男とY男です。二人は、みんなにダンスの振り付けを頼まれて「ああー、たいへんだ…」と言いながらも嬉しそうです。

サンバの音の手づくり楽器

子ども達が考えた「劇遊び」は、ストーリーをひと通り展開するのに四〇分もかかりますが、終わると「今日も、楽しかったね」と満足そうにしています。子ども達の頑張りに応えるための環境構成と援助を担任としてまず次の二つを考えました。

・それぞれの国のバックミュージックを探して、子ども達に提案する。
・子ども達の意見や言葉を書き留めて整理し、劇遊びの進行に必要なことを三～四歳児にわかりやすく伝えるために「手づくり紙芝居」を作って見せる。

ところが、「生活発表会」の二週間前になり新型インフルエンザが流

行したのです。罹患していない子どもの中にも大事をとって休む子どもがいるので、二七人のクラスは、五人だけの出席の日もあり「劇遊び」ができなくなってしまいました。

　一週間が過ぎ、本番の五日前となってようやく病気が治った子どもが出席し始めました。ところが、驚いたことに保育者の心配は無用でした。休んでいた子ども達は口々に「私、おふとんの中で練習していたから覚えている」とA子、「ぼくも、家で練習してた」とK男が自信ありげに言います。

　さっそく劇遊びを始めると、子ども達は自分の役柄のせりふを覚えていて、友達とのやりとりができるのです。忘れた部分はアレンジしたり、友達に教えてもらったりしてお互いに助け合いながら、みんなの「劇遊び」がスムーズに進行していくようすを目の当たりにして、「なんとスゴイ子ども達！」と感嘆しました。

（村崎千津子）

### 『おすしのせかいりょこう』の実践の評価とヒント

　本実践では、三～五歳児の異年齢混合保育での「子ども同士で互いに刺激し合い、影響を受けて育ち合う」保育効果を確かめることができます。富山市立の全保育所が実践してきた四〇年間の「異年齢保育」の確かな成果をここに見ることができます。子ども達は、日常生活の体験が後押しする『おすしのせかいりょこう』の絵本が大好きになりました。子ども達で考えた劇遊びの展開を具体的に見てみたいと思います。

①　五歳児が知的好奇心を発揮できるように

　五歳児は知的好奇心が強く、知りたいと思うことを納得できるまで調べようとする集中力や行動力を持っていることを確かめられます。そして、世界の国々がみんな違うことの面白さ、それぞれの特産物があり、その中に自分達の知っているものがあると大喜びをしています。「もっと、知りたい」「これは、何だろう」「誰かに、教えて欲しい」というほとばしり出るような欲求を持ち、自分達の疑問が解決するまで、あれこれとチャレンジするのです。

　「保育者が五歳児の知的発達に即した環境や刺激を用意しなければ、五歳児の旺盛な知的好奇心を満足させて、その能力を伸長させることはできない」と言われます。このことは、五歳児の担当保育者の力の発揮しどころでもあるのです。

②　異年齢児の触れ合いでの気づき合い

　自分達の劇遊びを創り上げる活動のプロセスで、異年齢の友達の得意なこと、できること、今まで見えなかったその子どもの良いところを子ども同士で気づくのは何と素晴らしいことでしょうか。子ども同士が言葉で具体的に認めたり、三～四歳児のゆっくりした行動を年長児は、時にはまどろこしいと思いながらも、みんなで劇をするんだと努力する気持ちが見られます。

③　年長児としてのリーダーシップの発揮

　「自分達の考えた劇をつくる」という目的に向けて、五歳児が中心になり、異年齢のみんなが楽しむことができるように、三～四歳の友達にもできることをさせてあげたいと願い、五歳児の一人ひとりが「どうすればよいか」「自分が、何をすればよいか」を考えて行動していることが、子どもの言葉や行動から読み取れます。たとえば、傍にいる三歳児に気づくと、「Eちゃん、おもしろいか?」と体をかがめて顔を見て尋ねていたそうです。クラスの仲間意識、年長児としてのリーダーシップを発揮し、「三歳の友達にもできることをさせてあげたい」と思う優しい気持ちが伝わってきます。

④　外国の子どもから学ぶ

ロシア人のR子ちゃんが自分の国のことを発表したり、ロシアのことを調べたりしてクラスで注目され、明るく積極的に友達と関われるようになったこと。ロシアの特産物がみんなに認められたことが嬉しくて、毎日家庭で話題にしていたこと。彼女の作ったマトリョーシカは、美しく描かれて驚きです。

⑤　保育者は生きたモデル

五歳児が三～四歳児に絵本を読み聞かせているようすは、担任保育者と同じ言い回しやイントネーションで、「いいね！　面白いね！」と強調する部分までそっくりで、思わず笑ってしまうそうです。子どもにとって「保育者は、生きたモデル」なのです。

保育所や幼稚園では、異年齢児のクラス編成をしようとすると、保護者から反対されると聞きます。その多くの理由は、異年齢児集団では五歳児の発達保障ができないのではないかという誤った考え方です。異年齢児保育、同年齢児保育は、それぞれ利点と限界があり、子どもの出生数の少ない現代の保育課題として、異なった年齢や発達の子ども同士の関わりが重要になります。保育のねらいや活動の展開によっては、随時、異年齢児が交流できるような計画を考えて、子ども達がいろいろな人と関わる力を育てていくことが大切です。

本実践で取り上げた絵本『おすしのせかいりょこう』は、子どもの生活体験が後押ししてイメージが広がっていく事例です。読み手が何日も熟慮して選んだ新しい「多文化絵本」のほとんどは、子ども達を虜にしてしまい、「また次も、この本読んでね」とリクエストされます。

四～五歳児は好奇心が強く、新しい絵本との出会いを喜びます。幼稚園や保育園、それぞれの家庭で新しい絵本を購入することは困難でも、地域の公設図書館には、面白くて楽しい「多文化絵本」がたくさんあります。子ども達への「絵本の読み聞かせ」を豊かにするために、図書館の利用を勧めたいと思います。

（福岡貞子）

## (6)『せかいのこっきえほん』から運動会へ、「せかいちずえほん」から作品展と生活発表会への展開

### 遊びが生まれる

運動会が近づく八月の終わりになると、五歳児の誰かが「運動会の旗作らなあかん」と言い出し、「旗づくり」が始まります。旗は自分の好きな絵や模様を描くのですが、「サッカーのワールドカップ」「オリンピック」「世界陸上大会」などがある年にはテレビの影響を受けて、子ども達の思いは「世界の国々、世界の人々」に広がっていきます。

保育園の「絵本の部屋」には、**『せかいのこっきえほん』**、子ども達の大好きな三冊の「せかいちずえほん」、**『こどもがはじめてであう　せかいちず絵本』**（一一頁）、**『はじめての　せかいちずえほん』**（一一頁）、**『世界がわかる　ちずのえほん』**（一一頁）があります。その他万国旗を作るために参考になるものとしては、世界地図・日本地図のパズル、地球儀などがあり、世界のこと、日本のいろいろなことに興味を持った子どもが、楽しみながら納得できるまで調べたり、探したりできるようにしています。

### 自分の好きな旗を作る

みんなで話し合って万国旗を描くことになり、自分の好きな国の旗を絵本を見ながら熱心に描いています。『せかいのこっきえほん』をじっと見ていた子どもが、「フランスとイタリアは色が一つ違うだけや」と発見しました。「オーストラリアとオランダも似てる」と言います。広告紙を細く硬く巻いてセロテープで固定し、旗の棒を作ると手持ち用の旗が出来上りました。

「フレー、フレー」と得意そうに旗を振りながらテラスを行進して回ったり、三〜四歳児に見せたり、保育室に飾ったりして満足そうにしています。

運動会当日は、白線の上に三・四・五歳児が思い思いに製作した色とりどりの旗がパタパタと音をたて、まるで「運動会が始まるよ！」と呼びかけているようでした。子ども達は保護者に「これとこれ、ぼくが作ったんやー」と得意そうに自分の作った旗を指さして見せています。

### 世界のいろいろな国のことを知る

運動会が終わってからも三冊の「せかいちずえほん」はみんなの大好きな絵本となり、「世界の人々の生活や遊びを描いた絵本」を紹介すると、われ先にと群がって見ています。誰かが新しいことを見つけると、すぐに友達に知らせようとします。「○○だってこと、前から知ってた？」と保育者にも確かめています。

「造形展」が近づいてきたので、**『ソルビム——お正月の晴れ着』**（五頁）や**『国際理解に役立つ民族衣装絵事典』**（五頁）を「絵本の部屋」に並べておきました。中でも、**『世界のあいさつ』**（三頁）、**『世界のことばあそびえほん』**（三頁）、**『世界あちこちゆかいな家めぐり』**（四頁）などは人気があり、自由遊びの時にはいつも誰かが熱心に見ています。

世界の挨拶や歌、食べ物や服装を調べて「これを作りたい！」と女の子達が言い出しました。子ども達の興味のある国は、日本、中国、韓国、インド、イタリ

みんなで国旗を作っている

## (6)『せかいのこっきえほん』から運動会へ、『せかいちずえほん』から作品展と生活発表会への展開

ア、スペインなどです。その国の食べ物、民族衣装、挨拶、歌、建造物などを調べて、それをみんなで描いたり、作ったりしてたくさんの作品が出来上がり、「世界の国別コーナー」にしました。子ども達は何度も作品の置き方やコーナーの場所を変えて、みんなの作品がよく見えるようにし、何とか展示が完成しました。

中国はラーメンや餃子、万里の長城、チャイナ服。インドはサリーを着て、女の人が額に赤い色でビンディを描きます。ビンディの形は、既婚者がまん丸、未婚者が縦長の丸です。「タージマハル」は、王様がお妃のために作ったお墓であることも知りました。韓国のきれいな色のチマチョゴリに興味を示した女の子達は、絵本を見ながら七色の布を貼り合わせて作りました。自分で作ったチマチョゴリを着た子ども達は、「アリラン」を歌って踊ったり、気取って歩いたりして「アニョンハセヨ」と、ニコニコして上手に挨拶を交わしています。男の子達はスペインの大きな帽子を作ることに夢中になり、長い紐をつけてかっこ良くかぶって歩いています。

日本ではお正月料理の「おせち」を縁起物として新年に食べる習慣があることを調べ、毎年家で食べている「おせち」に新しい発見をしたようです。**『十二支のお節料理』**（二二頁）を紹介すると子ども達は納得できたようでした。

世界のお城のことが話題になり、保育者が姫路城の写真を見せると、大阪城に行った遠足を思い出し、大きな「たこ石」の話が出てきました。子ども達は『体験取材！　世界の国ぐに』第三期、一二巻（渡辺一夫、吉田忠正他／文・写真、田口知子他／監修、ポプラ社、二〇〇八年）のイギリス、スペイン、インドなどの図鑑を見て、世界のいろいろな国の城の形を知り、天守閣のある城は日本独特のものであることを知りました。また、浴衣は日本の着物文化であり、今では盆踊りや祭りの時ぐらいしか着ないけれど、昔は大人も子どももみんなの普段着であったことも知りました。

イタリアについては、みんなが大好きなスパゲッティから興味を広げていきました。ベネチアは、街中に川がたくさんあり、ゴンドラで巡ること、世界で一番小さな国はイタリアのローマにある「バチカン市国」であることにも驚いていました。イタリアの民族衣装が現在の洋服に近いこと、みんなが聴いたことのある「サンタルチア」の歌はイタリアの民謡、挨拶は「ヴォンジョルノ」ということなど、調べたことを画用紙に描いています。フランスの隣のスペインは闘牛が有名で、面白い形のズボンの民族衣装やスパニッシュダンスのことも絵本で知り、すぐ真似て踊りだします。

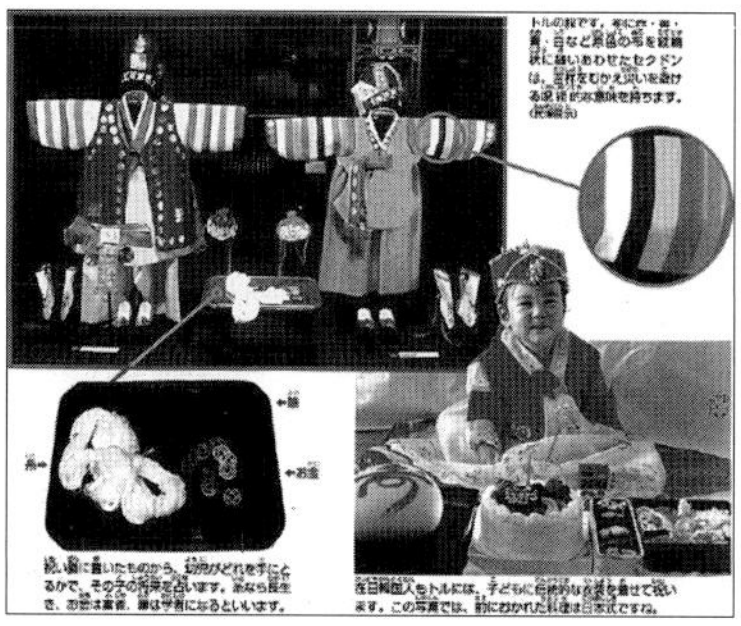
『国際理解に役立つ世界の民族衣装絵事典』

子ども達が作りたいものを一生懸命に作っている所へ仲間入りしたくて、私は暇があると保育室に「できましたか？」と覗きに行きます。「あっ、園長先生や、これ見て、見て！」「ぼくのもー」と自分が作っているものを我先にと見せにきます。子ども達の作品は、どれもその子らしさにあふれていて「すごいなぁー」「熱中しているんだ」と感心します。子どもに「どこを頑張ったの？」と尋ねると、「ここや、ここー」と指さして教えてくれます。子どもは保育室の前を通る保育者を呼び止

めて説明しています。そして何度も作品の置き方や置き場所を変えて何とか展示が完成しました。

明日から「造形展」という日、子ども達がみんな帰った後で「造形展」の会場に入ると、ワッと子ども達の歓声が波のように押し寄せてくるような熱気を感じ、「みんな、ようやったね」と嬉しくなります。一つひとつの作品を見るとそれを作っていた子どものようすや思いと重なり合います。作品に添えられた、子どものエピソードを書いた担任保育者からの「メッセージカード」には、受け持ちの子どもへの思いがあふれています。

## 「世界のこと」を発表会でやりたい

「造形展」が終わると子ども達が楽しみにしている「生活発表会」です。五歳児から、「今年は、世界をしたい」と希望が出てきました。どのようにして劇遊びやダンスにしたらよいと思うのか、みんなで考えることにしました。子どもの気持ちを大切にして、調べたこと、感じたこと、みんなのやりたいことをそのままの言葉で表現することにしました。

子ども達は、「世界の民族衣装」を着て歌や踊りをしたいと言います。スペインを選んだグループは、ダンスの得意な保育者にスパニッシュダンスを教えて欲しいとお願いをしています。韓国のグループはチマチョゴリを着て「アリラン」を踊りたいと言います。日本を選んだ子ども達は、浴衣を着て「河内音頭」を踊りたいと張り切っています。グループから出たたくさんの要求を整理し、出し物はグループで三つまでにしました。

フィナーレで旗を持ち「世界中の子どもたち」を歌う

私の園では日々の子どもの活動のほとんどを、子ども達がやりたいことを大切に受け止めて実現できるようにしています。「運動会」や「造形展」でも子ども達の思いを取り上げてきました。五歳児は、これまでの遊びで自分達が考え出したいろいろな遊びを「発表会」の劇遊びやダンスの小道具に使えるということに気づき、「これも使えるよ、よかったね」と嬉しそうです。

グループごとに自分の好きな国を選び、みんなで調べたことを画用紙に描くことにしました。

○調べた国のことを正しく、はっきりとした言葉でみんなの前で発表する。
○自分の役を責任をもってやり遂げる。
○踊りは恥ずかしがらずに、歌やリズムに合わせて練習する。

の三つの目標を自分達で決めました。

民族衣装は男女それぞれのものを調べて作り、遊びは実際に自分達でやってみて面白いものに決める、踊りはスペインの「トレロカモミロ」、子ども達の大好きな「河内音頭」、韓国は「アリラン」を踊ることにしました。

脚本も子ども達と話し合って完成し、台詞や役割りもみんなで決めました。踊りはダンスの得意な保育者が教えることになりました。

保育者が驚いたことは、子ども達のリズム感の良いことでした。「スパニッシュダンス」のステップや「アリラン」のチセを持ってウェーブに合わせて踊るのは大人でも難しいのですが、子ども達はモデルの保育者の手や足の動きをじっと見て、短時間で覚えてしまい、見事に合わせることができたのです。トレロカモミロのカスタネットも二〇人の子ど

も達が間違うことなく合わせて叩くことができました。

「河内音頭」についてはさすがに地元の盆踊りで見たり、聞いたりしているので、町内によって踊り方の流派が違っていても、子どもに一番なじんでいるものに統一するとリズムに乗って手踊り、足踊りを揃えることができました。子どもが真剣な顔をしてリズミカルに「河内音頭」を踊る姿は、発表会の当日に保護者から拍手喝采をもらい、しばらくの間みんなの話題になりました。

発表会では遊戯や劇を取り上げることが多いのですが、本年は子ども達の考えた「世界の国・人びと」のテーマで運動会を展開し、そして子ども達の希望で造形展にも発展しました。とうとう発表会も子ども達の意見を取り入れた「世界のこと」のテーマ活動の展開となりました。

それぞれの担任保育者もよく頑張りました。まず、子ども達の発達や年齢に合うように興味をもつ具体的な環境を探して整える工夫や努力を惜しまずしていることに感心しました。そして子どもの思いつき、やりたいことを上手に汲み取り、保育者の援助として、いつ、誰に、何を、どのようにすればよいかを考えます。迷ったり、困ったりしたときには担任同士で相談をしていました。またダンスや歌などは経験のある得意な保育者に助けてもらい、子どもの作品（踊り）が完成すると他のクラスの保育者や園長に見てもらって、感想や助言を受けるなどして、五カ月もの間、次から次へと活動が盛り上がっていき、新しい活動を創りだすことができました。そして、子ども主体の総合活動としての「世界の国・人びと」のテーマ活動は、園全体のチームワークを発揮する発展的活動となりました。

毎日、子ども達は「きょうは、○○をしよう」と張り切って登園してきます。そして、時には子ども同士意見がぶつかり合って、怒ったり泣いたり、つまずいたりしながらも、生き生きと自分がやりたい遊びをしながら友達と楽しそうに関わっている姿を見ることができます。

保育は「日々、子どもから学ぶ」という思いを新たにしています。

（曽田満子）

# (7) 「多文化絵本」の読み聞かせを楽しむ

本書の題名が『多文化絵本を楽しむ』になった経緯については、「はじめに」で述べています。「多文化絵本」とは、さまざまな文化を紹介する絵本のことです。また、何をもって「多文化絵本」とするのか、何をもって「多文化絵本」ではないとするのかの論議もありますが、そのことも「はじめに」に書いています。

今回、「多文化絵本」を二四のテーマ別に各六冊の絵本を選び紹介しています。これまで、私達が研究的実践に取り組んだ「多文化絵本」は、どの絵本も大層興味深く、研究の進展と共に知れば知るほどに面白くなり、引き込まれていきました。また、「多文化絵本」は上質の本が多いのですが、一般に知られていません。この魅力あふれる「多文化絵本」を、多くの人にぜひ紹介したいと思っています。

## 「多文化絵本」の読み聞かせの研究的実践をする

研究的実践の試みの一つである「多文化絵本」の読み聞かせのモデルを、第4章(3)「園児の待つ『多文化絵本』の世界」で紹介しています。「多文化絵本」を中心に選んだ本の年間計画を立て、N保育園の「絵本タイム」で実践することにしました。

五歳児への読み聞かせの反応は、私達の予想を超えた成果が得られました。子ども達は読み手を信頼し、「多文化絵本」の世界にどっぷり浸ることのできた楽しいひと時となり、子どもは感動したこと、不思議に思ったこと、疑問に思い理由を知りたい強い気持ちなどを読み手にぶつけてきます。そして、「絵本タイム」の日には、「早く行かないと、絵本の時間に遅れるー」と保護者をせかして登園してきます。月に一度訪れる「絵本のKさん」を楽しみに待ち、次回の読み聞かせに、子ども達がリクエストをするようになりました。

また、子どもは絵本が面白かったことを熱心に親達に伝えるので、五歳児の保護者間で、子どもの絵本への興味・関心の大きいこと、毎月の「絵本タイム」で珍しい絵本を読んでもらうのを楽しみにしていることなどが話題になり、子どもと一緒に「絵本タイム」に期待しています。

この保育園での「絵本タイム」は、二年前から実践していましたが、絵本の選書は担当者の好みと子どもの状態、季節や伝承行事などを考慮したもので、子どもの反応はそれほど大きくありませんでした。

「絵本タイム」の研究的実践の成果は、私達に多くの示唆を与えてくれました。読み手が確かな意図を持ち、「この絵本を、どのように読み聞かせればよいか」と試行錯誤をし、子どもと真剣に向き合うことが大切だということを教えてくれました。

## 五歳児の発達特性をふまえた絵本の読み聞かせをする

「多文化絵本」の研究的実践に際して、二つのことを考えました。一つは、「多文化絵本」の中には小学生向きの本もあり、三〜四歳児では理解が困難な本がみられるので、対象児を五歳児にすること。いま一つは、五歳児の発達特性としての、次のような姿を「多文化絵本の読み聞かせ」に活かしたいと思いました。

○言葉により共通のイメージを持ち、目的に向かい集団で行動する。
○自分なりに考えて行動し、批判する力が生まれ、トラブルを自分達で解決しようとする仲間意識が生まれる。
○予想や見通しを立てる力が育ち、知的好奇心や意欲が旺盛になり、知識や経験を生かした遊びを発展させる。
○思考力・認識力が高まり、自然事象・社会事象、文字などへの興

味・関心が深まる。

保育活動では、これらの五歳児の発達特性を保育者がしっかりととらえて環境構成をしたり、一人ひとりの子どもへの適切な援助を行ったりすることが求められます。保育者は常に、子どものようすを見て「今、何が必要なのか」「保育者として何をすればよいのか」を見極めながら活動を展開する必要があります。もし、漫然と保育を進めるならば五歳児は欲求不満に陥り、意欲を減退し、せっかく伸びようとする力を足踏みさせてしまう危険をはらんでいることを忘れてはならないと思います。

「多文化絵本」の小学生への読み聞かせの試みは、第4章(4)「小学生と楽しむ多文化の絵本」に実践があります。

### 「多文化絵本」の読み聞かせのポイントを考える

① 物語絵本として読み聞かせを楽しむ

「多文化絵本」には、ストーリーも絵も幼児によく理解できるものがあります。たとえば、第1章(3)「世界にはすてきな街やゆかいな家があるんだよ」の中では、**『マドレーヌとローマのねこたち』**(四頁)、**『シモンのおとしもの』**(四頁)、**『パリのおつきさま』**(四頁)などは物語絵本として、多くの子どもを対象に読み聞かせを楽しむことができます。このような本としては他にもたくさんあり、(8)「日本人が作った外国の民話絵本」はどれも該当します。(13)「アフリカの大地と民族の活力を描いた絵本」は、物語絵本ばかりであり大勢での読み聞かせも可能です。

② 絵本の場面からさまざまなことを見つけて楽しみ、少し説明を加えると一層面白くなる絵本

安野光雅の**『旅の絵本Ⅳ』**(四頁)は、文字のない絵本でアメリカ開拓時代の風景を描いている本です。頁をめくり場面ごとの安野ワールドの美しい細密画を楽しみながら、いろいろなことを発見して楽しみます。こうした絵本は、多くの子どもを対象にした読み聞かせには向いていません。少人数での読み聞かせを楽しみながら、子どもや保育者が発見したことに少し説明を加えるとより興味が深まります。**『世界あちこちゆかいな家めぐり』**(四頁)も、頁を追って読み進めていく絵本ではなく、子どもが興味を持つ珍しい家を選び、子どもと一緒に場面からさまざまなことを見つけて楽しむ絵本です。この絵本は大勢の子どもを対象にした読み聞かせが可能ですが、読み手が少し説明を加えることで一層面白くなるでしょう。

③ 子どもの体験を後押しする絵本

一冊の絵本の面白さがわかると子ども達がすっかり虜になり、のめり込んでしまう本として、第1章(10)で取り上げた「せかいいちずえほん」があります。第3章(3)三冊の「せかいいちずえほん」の実践に見られるように、子どもは絵本の面白さを知ると、もっと世界のことを知りたくて、興味津々のようすで、絵本コーナーではいつも何人かが熱心に見ています。そして、誰かが新しいことを発見すると、まるで大事件のようにみんなに知らせて喜び合う子どもの姿に保育者も驚きました。

第1章(2)「世界をめぐると発見がいっぱい」の本は、どれも子ども達の大好きな絵本です。子ども達は自分が納得できるまでよく見ている姿が見られました。**『世界のあいさつ』**(三頁)の、おでこをくっつけたり、ペロリと舐めたりする挨拶を真似て面白がります。**『手で食べる?』**(三頁)は、「エッ!　手で食べるの!」とびっくりし、手が汚れて食べにくいだろうと心配します。**『せかいのこ**

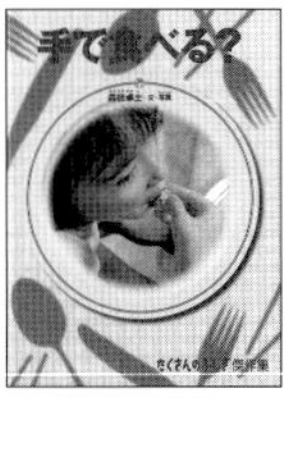

**どもたちのはなし　はがぬけたらどうするの？』**（三頁）は、自分の乳歯が抜けた体験と比べて子どもなりに真剣に考えるようでした。この絵本は、子どもの乳歯の抜ける体験年齢を考慮し、五歳児が六歳になる頃に読み聞かせるとよいでしょう。

落語家の桂かい枝が翻訳している**『うしはどこでも「モ〜！」』**（三頁）は、イヌやカラスなどの動物の鳴き声が、国により人への聞こえ方が異なるというのです。しかし、ウシだけは、世界中どこでも「モ〜！」と聞こえるという愉快な話です。

④　重いテーマの絵本は、子どもにわかるように工夫して話す

戦争や平和、命の大切さなどのテーマは、人類の普遍的課題として子どもにもわかるように話して聞かせる必要があります。これらの本としては、第1章(22)「戦争について知り、平和を考える絵本」、(23)「戦争のない平和な暮らしを願う絵本」、(24)「いのちってなあに？　つながる命のおはなし」があります。日本は平和で豊かな国です。しかし、今も世界には争いが起きて国を追われたり、住む家もなく、食べるものもない暮らしをしている人々がいることを、子どもにわかるように話して聞かせることが大切だと思います。

一〇一歳の日野原医師は**『いのちのおはなし』**（二五頁）で、「命は、人が生まれてから寿命をまっとうするまでの、自分が持っている時間のことだ」と言っています。その時間をどのように大切にし、自由に使うかは自分次第なのです。

⑤　珍しい絵本（テーマ）を知る楽しみ

日頃、目にすることの少ない絵本として、第1章(4)「まるごと文化を伝える装い」、(5)「図書館のものがたり」、(6)「ものがたり探しを楽しむ、文字のない絵本」、(7)「色の不思議を楽しむ絵本」、(10)「せかいちずえほんは、大層面白くてのめり込む」などがあります。これらの絵本は、アッと驚く感動、「ヘエー、そうなんだー」という知らない世界に遊ぶ楽しみを与えてくれます。子どもも大人も「こんなに楽しい絵本があったんだ！」とワクワクしてしまうのです。

とりわけ、民族の伝統的衣装は、まるごと文化を伝えることができるので世界中の人がよく知っています。日本は着物、韓国の男性の正装はパジ・チョゴリ、女性はチマ・チョゴリです。インドの女性は一枚の布をぐるぐると身体に巻くサリー、男性の衣装はクルター（丈の長い上着）とドーティ（だぶだぶのズボン）です。メキシコや中南米の人は、つばの広い帽子をかぶり強い陽射しを避けるのです。

**『国際理解に役立つ民族衣装絵事典』**（五頁）は小学生の調べ学習によく使われています。このような事典などは幼児には難しいと思われますが、衣装は絵を見るだけでまるごと理解することができ、「ほかの国はどうなの？　もっと知りたい！」という知的好奇心を発揮して、興味を持った衣装を布や不織布を使い自分で作り、実際に着て楽しみます。

図書館のない辺境に住む人びとのために、ラクダやゾウが本を運ぶ珍しい移動図書館の絵本**『図書館ラクダがやってくる――子どもたちに本をとどける世界の活動』**（六頁）、戦乱の中で多くの図書を守った図書館員の話**『バスラの図書館員――イラクで本当にあった話』**（六頁）など、図書館に関わる絵本がたくさんあります。

図書館に行って本を見たり、借りたりした子どもは、**『ママのとしょかん』**（六頁）のリジーの楽しそうなようすに共感し、「私も、図書館で本借りたことあるよ」と喜びます。

また、(6)「文字のない絵本」や(7)「色の不思議を

楽しむ絵本」に紹介している本は、知らない人が多いのですが、作者が渾身の力を振り絞って制作する絵本は、どれも読む人を魅力あふれる世界へ誘い、いろいろな絵本を楽しむことで豊かな気持ちになることでしょう。

絵本は子どもも大人も年齢に関係なく楽しむことができるメディアです。そして一人ひとり違ったさまざまな楽しみ方があってよいのです。さらに、本書「はじめに」で紹介している三鷹市長の清原慶子氏が毎日新聞の「これが言いたい」に書かれている「デジタル時代の今こそ、絵本を読むことが基本的な文字の読み書き能力や文章の読解力を向上させ、広義の情報活用能力を醸成し、人の感性や感受性を育むと確信する」という文章を読み、本当にその通りだと勇気づけられました。

絵本は子どもの育ちに必要なツールとして、大人が子どもに読んで聞かせるものであり、絵本の素晴らしい世界を子どもと共有したいと思います。

（福岡貞子）

# 第4章
# 文庫・ストーリーテリングの実践

違いを知り、体験を広げる多文化の世界
（園児・小学生）

## (1) 子どもと一緒に絵本の世界をひろげる

私は、幼稚園、保育園、学校、図書館などで「おはなし会」を三〇年近くしています。一五年ほど前より読み聞かせの後の子ども達の感動が以前より少なくなったと感じるようになりました。ちょうどその頃に、松岡亨子氏の絵本についての講演会に参加しました。「今の子ども達は絵本を実感することが少なくなっており、その原因の一つに、子どもを取り巻く環境が大きく変わり、集団で遊ぶ機会や体験が減った」という主旨の指摘がありました。

そこで、私は集団遊びや生活体験が少なくなっている子ども達に絵本の読み聞かせに感動し、絵本を実感するにはどうしたらよいかと考えました。絵本を媒体に子ども達と対話しながら、絵本の内容を実際に体験する読み聞かせを試みました。子どもが「そうなんだ、そんなことがあるの、すごいなー」と感動することにより、絵本の世界をより身近に感じているような変化が見られました。子どもにとっても知らなかったり、見過ごしていたことに改めて気づくのは楽しいものです。

「おはなし会」では、絵本の読み聞かせ、お話、手遊び、ブックトークなどをしています。一度に読む絵本は二〜三冊ですが、そのうちの一冊で対話や体験を取り入れて読んでいます。また、少人数を対象とした自宅での「おはなし会」では、絵本の内容に関連する工作なども取り入れています。

読み聞かせをする絵本として日本のもの、外国のもの、昔話、科学絵本などジャンルはいろいろですが、ここでは、外国の絵本を取り上げ、子ども達が多文化に触れて理解するようすを紹介したいと思います。

### 対話や体験を取り入れた読み聞かせ

① ハロウィーンを楽しむ

最近は日本でも一〇月になると、ハロウィーンの飾り付けが街の中で見られるようになりましたが、まだクリスマスほど知られていない行事です。私は四〇年前に、幼児二人を連れて家族でアメリカ生活を二年半経験したことがあり、その時子ども達がとても喜んだのがハロウィーンでした。日本でもハロウィーンが知られるようになり、「おはなし会」で子ども達と楽しんでみたいと思いました。

街の書店では一〇年ほど前からハロウィーンの絵本を見かけるようになりました。**『ヘスターとまじょ』**[1]や**『まじょのスーパーマーケット』**[1]は、ハロウィーンの行事のようすがわかる絵本なので読み聞かせに使ってみることにしました。子どもが仮装して街に出かけて行くお話で、ハロウィーンのワクワクした雰囲気いっぱいの楽しい絵本です。『ヘスターとまじょ』は、ワニの女の子ヘスターのお話で、魔女に仮装して知らない人を怖がらせようと不思議な一三番地にやってきます。

『まじょのスーパーマーケット』は、魔女に仮装したヘレンが犬のマーサと魔女専用のスーパーマーケットに迷い込んでしまうお話です。しかし、ハロウィーンをよく知らない子ども達には少し馴染みがないような感じがしました。また、保育園の子ども達に「ハロウィーンって知ってる?」と聞くと反応があまりなく、「???」と首をかしげる子どもがたくさんいました。ハロウィーンの雰囲気を体験するために、子ネズミの「ハロウィーンってなあに?」という質問に父さんネズミが応じる**『What Is Halloween?』**[1]を使って行事について

説明をしました。そして、ハロウィーンのクラフトがたくさん掲載されている『The Halloween Book』[1]を、私が実際に作ったものを見せながら紹介してみました。すると、不気味なクラフトやパーティーのお菓子や飲み物などを見て、子ども達は「こわ〜い」「気持ちわる〜い」と言いながらも、興味津々でした。読み聞かせが終わるとクラフトなどを手に取ったり、紙皿のお面を付けたりして大はしゃぎでした。ある小学校の読み聞かせでは、図工の時間に『The Halloween Book』を参考に仮装用グッズを作り、英語の時間にみんなで仮装して英語でハロウィーンを体験したそうです。

　自宅での「おはなし会」では毎年ハロウィーンクラフトを作り、その後、子ども達は仮装をして、ハロウィーンごっこをして遊びます。参加したお母さん達がお菓子を持って部屋のあちこちに立ち、子ども達は、お母さん達に「トリック・オア・トリート！」と言ってお菓子をもらいます。どの子どもも嬉しそうに、そして真剣な顔して英語で言います。それから、前もって打ち合わせをしている近所の家に行き、本当のハロウィーンのように「トリック・オア・トリート！」と言ってお菓子をもらうのです。最後は、もらったお菓子を食べるハロウィーンパーティーで盛り上がります。毎年、ハロウィーンが近づくと、「今年は○○になる」と、親子で心躍らせながらハロウィーンの仮装の準備に取りかかるのです。

小学校で、クラスのみんなとクラフトを作り、仮装する

近所の子ども達と「トリック・オア・トリート！」

　最近はハロウィーンの絵本[1]が多く出版されています。ハロウィーンを知らなくても楽しめる絵本、ある程度の予備知識があった方が楽しめる絵本など、内容も様々です。毎年、同じ子ども達が継続して参加する小学校や自宅での「おはなし会」では、二〜三回目に魔女やお化けの世界をテーマにした絵本やハロウィーンの歴史を紹介した絵本など、少し難しい絵本も取り上げます。節分、七夕、お月見などの日本の伝承行事も、同じように体験を取り入れると「おはなし会」は盛り上がります。

### ② 『だめよ、デイビッド！』[1]を学校で読んで子ども達と考える

　壁に落書き、泥靴で家の中に入るなど、デイビッドは好奇心旺盛なやんちゃな男の子です。ママは「だめよ、デイビッド！」を連発です。

　デイビッドがママに叱られる理由をみんなで考えてみました。子ども達は思いついたことを口々に言います。例えば、デイビッドが裸で通りを走る場面では、「風邪を引くから」「恥ずかしいから」「熱いアスファルトでやけどするから」「デイビッドの裸なんて見たくないから」など、いろいろな意見が出ました。

　デイビッドが泥だらけで家の中に入り込んでいる場面で、ある子どもが「家の中で靴をはいているから」と言うと、「アメリカでは靴のまま家の中に入るんだよ」と、アメリカ生活を経験した子どもがアメリカと日本との生活様式の違いを説明してくれました。また、風呂場でデイビッドが浴槽から湯をあふれさせている場面では、「アメリカでは、お風呂の中で体を洗うんだ。だから外に湯をこぼしてはいけないんだ」と日本とアメリカの浴室の使い方の違いを知っている子どもがいたので、今

回は話題が盛り上がり、とても新鮮で楽しいおはなし会になりました。

### 多文化に出会った子どもの反応

「おはなし会」で外国の絵本を読むと、大人が気づかない面白い反応を子ども達から聞くことがあります。

① ことばや品物の意味がわからない

外国の絵本を読んでいると、子どもは習慣や文化の違いや語彙不足などのためにわからないことばに戸惑うこともあります。ことばがわからなくて、ずーっと「何だろう?」と思っていた、という子どももいるので、読み聞かせる前に説明を加えることもあります。

**『ダンスのすきなワニ』**[1]のティナは、誕生プレゼントにもらったワニにアルベルトと名づけます。二人が一番好きなことはタンゴを踊ることです。ある日風呂場でタンゴを踊っていると、石けんで足を滑らせ、ワニは下水管に落ち大騒動になってしまいます。

ある子どもがおはなし会で読んでもらった日の夜、「タンゴってなあに?」とお母さんに聞いたそうです。そこで、お母さんが、じゃあ、踊ってみようと言って、タンゴのリズムを口ずさんで踊ったそうです。「娘は大喜びで、すっかり気に入り、あれから時々一緒に踊って大笑いしているんですよ」。実際にタンゴを踊ったことで、ティナとアルベルトの楽しい気持ちを実感しお話を心から楽しんでいるようすが目に浮かぶようです。

**『あかてぬぐいのおくさんと七にんのなかま』**（一二頁）では、針仕事が上手な奥さんが眠っているときに、はさみや物差しなど七つの道具たちが、針仕事がうまくいくのは自分が一番役に立っているからと、それぞれが自慢してけんかになってしまいます。伝統衣装のチマチョゴリなどの韓国文化を絵本から知ることができます。

読み聞かせの途中で、「ひのしって何?」という声が聞こえてきました。「ひのし」「こて」など、語り手の若いメンバーも何をする道具か知りませんでした。それぞれの道具が何をするための物なのかがお話の中で重要な意味を持っているので、そこがわからないと絵本の楽しさも半減します。そこで、絵本を読む前に簡単に説明を加えるようにしたところ、子ども達もすんなりとお話の世界に入っていけるように感じました。

② 習慣や文化の違いに気づき、他の絵本と同じ絵を発見する

子ども達は、絵本の絵から習慣や文化の違いを見つけます。

**『イエペはぼうしがだいすき』**（一五頁）は、イエペという帽子が大好きなデンマークの男の子の写真絵本です。イエペのお弁当を見て、子ども達はおにぎりやご飯に卵焼きやウィンナーなどが入ったいつもの自分達のお弁当とはずいぶん違っているのに驚いていました。バナナやトマトを何かの上にのせてあり、それだけなのです。おかずらしい物もありません。何の上にのせているのかも気になります。平たくて灰色のような筋が入っている絵を見て子ども達には魚の切り身に見えたようでした。「魚かな?」「サバかな?」「はんぺんじゃない?」と、いろいろと想像が膨らみました。サバにバナナということはないと思うので、クラッカーのような食品なのでしょう。子どもの発想の面白さに、思わず笑ってしまいました。

**『かさどろぼう』**[1]と**『きつねのホイティ』**（一三頁）は、スリランカのお話です。『かさどろぼう』のキリ・ママおじさんは街へ行って初めて傘を見て気に入り、買って帰りますが、盗まれてしまいます。そこで、

## ●「ハロウィーン」の絵本紹介●

パンプキン
- ●ケン・ロビンズ(写真・文)
- ●千葉茂樹(訳)
- ●BL 出版　●2007

アンジェリーナのハロウィーン
- ●キャサリン・ホラバード
- ●ヘレン・クレイグ(絵)
- ●おかだよしえ(訳)
- ●講談社　●2007

ハロウィーンって　なあに？
- ●クリステル・デモワノー
- ●中島さおり(訳)
- ●主婦の友社　●2006

ハロウィーンのおばけ屋敷
- ●エリカ・シルバーマン(文)
- ●ジョン・エイジー(絵)
- ●清水奈緒子(訳)
- ●セーラー出版　●1999

パンプキン・ムーンシャイン
- ●ターシャ・テューダー
- ●ないとうりえこ(訳)
- ●KADOKAWA　メディアファクトリー　●2001

魔女たちのパーティ
- ●ロンゾ・アンダーソン(作)
- ●エイドリアン・アダムス(絵)
- ●奥田継夫(訳)
- ●佑学社　●1981

| No. | 絵 本 名 | 文・絵（訳） | 出版社 | 初版年 |
|---|---|---|---|---|
| 1 | ヘスターとまじょ | バイロン・バートン、かけがわやすこ（訳） | 小峰書店 | 1996 |
| 2 | まじょのスーパーマーケット | スーザン・メドー、ひがしはるみ（訳） | フレーベル館 | 1996 |
| 3 | What Is　Halloween? | Harriet Ziefert, Claire Schumacher | Harper Collins Publishers Inc. | 1992 |
| 4 | The Halloween Book | Jane Bull | Dorlinng Kindersley Ltd. | 2000 |
| 5 | だめよ、デイビッド！ | デイビッド・シャノン、 小川仁央（訳） | 評論社 | 2001 |
| 6 | ダンスのすきなワニ | リチャード・ウェアリング、ホリー・スウェイン、まえざわあきえ（訳） | 朔北社 | 2004 |
| 7 | かさどろぼう | シビル・ウェッタシンハ、いのくまようこ（訳） | 徳間書店 | 2007 |

また傘を買ってくると、また盗まれます。そんなことが何度も繰り返されます。

絵を見て「男なのにスカートをはいている」「素足で歩いている！　靴はいていない」など、子どもが文化の違いを指摘しました。私はストーリーが面白くてこの本を選びましたが、子ども達はしっかりとスリランカの文化を読み取っています。

『きつねのホイティ』では、三人のおかみさんをだましてご馳走にありつこうとホイティがやってきますが、おかみさん達はだまされた振りをして、逆にホイティをからかってやります。ホイティが、ごはんやカレーを食べている絵を見て「手で食べている！　スプーンは使わないのかな？」と、子ども達は食文化の違いが気になっていました。

一年生の女の子が、『きつねのホイティ』の第一場面に『かさどろぼう』のキリ・ママおじさんと傘泥棒のいたずら小猿がいると教えてくれました。作者は両方とも、シビル・ウェッタシンハでした。よく見ると、裏表紙にはその小猿が描かれていましたが、読み手の私は『かさどろぼう』を思い出すことはありませんでした。二冊の絵本を見比べると、背景の描き方が似ているではありませんか。子どもの絵本を読み取る力や「同じ」「似ている」と発見する力はすばらしいと思いました。

③　ことばの響きを楽しむ

ジョンとかメアリーなどの英語圏の名前は聞き慣れているので、子ども達は特別な反応はしません。しかし、スリランカやデンマークなどあまりなじみがない国の人の名前は、そのことばや発音を面白がります。

『かさどろぼう』のおじさんの名前を聞いて、おじさんなのに「キリ・ママ」と、「ママ」がつくと面白がって笑っていました。

『イエペは　ぼうしが　だいすき』と絵本のタイトルを言うと、「変な名前だねぇー」と、となりにいるお母さんにささやいている子どもがいました。日本語の「家」＋「ぺ」と聞こえたそうです。日本人には「ぺ」がつくとユーモラスに聞こえるのでしょう。

外国の絵本の読み聞かせの中で、子ども達の豊かな感性あふれる気づき、疑問、つぶやきなどは、読み手の私にいろいろなことを教えてくれます。そして、対話や体験を取り入れた読み聞かせをしたことで、子ども達が絵本の背景にある文化や習慣の違いを理解し、絵本の楽しみが一層深まるようすを確かめることができました。

伊丹弥生氏は、「子ども達の生活の中で、体験や小さな感動の積み重ねが本を読むことを充実させます。手で触ったり、匂いをかいだり、じっと耳をすまして聞いたり、感じたり、もちろん見たり、五感をフル活動させることが大切です。絵本やお話がストンと体の中に入るのには、体験が後押ししているのです[2]」と述べています。絵本の読み聞かせでの体験は小さな体験ですが、この積み重ねにより、「自分たちとは少し違うな」「自分たちと同じだ」という多文化理解につながっていくと思います。

**注**

(1) 本書八五頁「ハロウィーン」の絵本紹介・リスト参照。

(2) 福岡貞子・礒沢淳子編著『保育者と学生・親のための 乳児の絵本・保育課題絵本ガイド』ミネルヴァ書房、二〇〇九年、一二八頁。

**（錦見信子）**

## (2) 尼崎市「こどもクラブ」へのおはなし配達
### ——放課後の小学校での取り組み

二〇一二年一〇月現在、尼崎市の図書館では、児童サービスの部で、七つの読書ボランティアグループが活動しています。それぞれ五～三〇年の活動期間を持ち、二〇人前後で、図書館、小学校、地域のこども会、ケアハウス等々、安定したグループ活動を展開しています。私の所属するおはなしグループ「ペガサス」も二〇年の歴史を持ち、二〇数名のメンバーで新しい試みを取り入れたり、反省会を繰り返したりしながら歩んできました。その中の一つ、「尼崎こどもと本をつなぐ会」の結成事情について述べたいと思います。

### 「こどもクラブ」と「児童ホーム」のこと

現在、尼崎市内の四三の小学校には、「こどもクラブ」が併設されています。以前からも一部は開設されていましたが、徐々にその数を増し、二〇〇四年には、全校に設置されました。これは、市内の児童館の撤廃に伴う措置でもありました。尼崎市は従来の小学校併設の「児童ホーム」と「こどもクラブ」の二本立てで、放課後児童健全育成事業として「子どもの見守り（居場所づくり）」をはじめました。

「児童ホーム」の入会手続きが、小学校低学年に限られているのに対して、「こどもクラブ」は、登録さえすれば全学年の児童が入会できるというメリットがあります。

### 子どもの実態と「ペガサス」の思い

私達の「ペガサス」では、ストーリーテリングを中心に絵本や子どもに関する研修を重ねてきました。「ペガサス」結成後、地域で開く放課後のおはなし会にやってくる子どもの数は、少しずつ減っていました。

公民館などの公共施設において、ローソクの灯かりの中で、静かにストーリーテリングを楽しむというひと時は、体験したことがない子どもにとっては地味に見えるようです。女の子が二～三人連れでやってきたり、中学生が遊びの合間にフラリと参加したり、たまたま会場を覗いた子どもに声をかけて誘い込んだりしながら細々と続けていました。そして「子どもが来ない」「子どもがいない」と嘆いていました。

ポスターを作ったり、会場の外で呼び込みをしたりなど、広報の方法にも工夫を凝らしながら、私達の願いは、ストーリーテリングの楽しさ、絵本の不思議な世界を知って、次回を心待ちにしてくれる子どもを育てたいという意気込んだ思いでいっぱいでした。

一方、子どもの実態を見ると、帰宅後に、学習塾や水泳などの予定を持っている子どもがたくさんいることに気づきました。「おはなし会、何時まで？」「いつ終わるの？」と気にする声が聞かれます。また、おはなし会の途中でも、「このつづきはどうなるの？」と気にしながら会

公民館の掲示板に貼ったポスター

場を出ていく子どもも見られます。子ども達は次の予定に急かされながらも、ひと時、絵本を楽しみにやってくるのです。その姿は、見ていても胸の熱くなるいじらしさがありました。

私達は、おはなし会のプログラムに、ことば遊びやなぞなぞを取り入れ、子どもに声を出させること、ストーリーテリングも七〜八分の短いものにすることなどを検討し直しました。しかし、帰宅後の小学生は、ゲームやネットに熱中し、いっそう絵本を楽しむひとときが失われていくようでした。「おはなし会」から小学生の足が遠のきましたが、やがて赤ちゃん連れの親子が参加するようになり、その対象が「乳幼児の子育て支援」に変化していったことをはっきり感じました。

### 小学生の「おはなし会」から子育て支援へ

尼崎市が二〇〇三年度より、ブックスタート事業（子育て支援）を開始し、次第にその効果が見られるようになりました。「ペガサス」も赤ちゃん対象の活動が増え、それはそれで楽しい時間を過ごしました。多くの赤ちゃん絵本を読んでブックスタートの研修を受け、「赤ちゃん絵本リスト」も作成しました。その中でも人気のあったのは『**もう　おきるかな**』（松野正子／文、薮内正幸／絵、福音館書店、一九九六年）、『**おひさま　あはは**』（前川かずお、こぐま社、一九八九年）、『**リズム**』（まさごひであき／絵、柳田知子・砂山正和／監修、ミキハウス、一九九〇年）などでした。

しかし、ストーリーテリングを主に学んできた「ペガサス」のメンバーにとっては、小学生対象のおはなし会が懐かしく、一層魅力的に感じられ、小学生にストーリーテリングを語りたいという思いは強くなるばかりでした。

### ストーリーテリングの研修

「ペガサス」として、常時、活動先は一〇カ所ほど持っていましたが、メンバーはまだ余力が感じられ、もっと活動の場を増やしたいと願っていました。このことは他のグループにとっても同様だったと思います。それほど尼崎のおはなしグループは、講師を迎え指導を受けながら、ストーリーテリングの研修に力をいれて技術を高める努力をしていました。

言い替えると、ボランティア一人ひとりの意識が高く、達成感の持てる活動先を求めていたということになります。しかし、活動先を自分から開拓するのではなく、先方からの依頼を受け、喜んで応じたいという私達の本音もあったと思います。それ程、学校というところはボランティアにとって踏み込めない聖域でした。

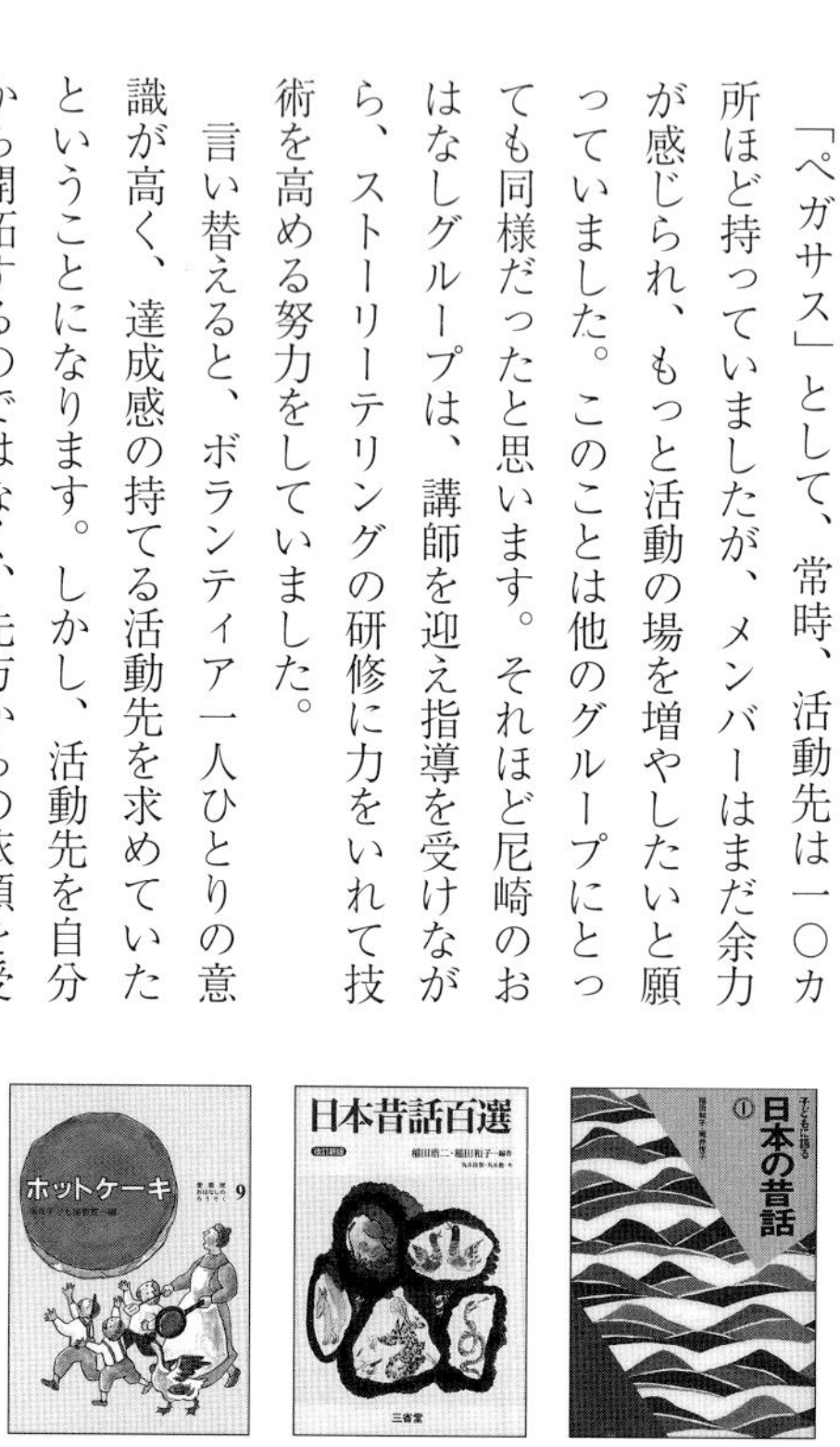

ストーリーテリング研修テキストの一部

### 新しいグループの結成に向けて

「おはなし会」に子どもが来ないなら、こっちから出かけて行けばよいと考え、当時の尼崎市の児童課（尼崎市教育委員会事務局青少年教育部児童課）に相談を持ちかけたところ、受け入れには何の支障もなく、むしろ尼崎の子ども達のために大切な事業だと、諸手を挙げて賛成し、新しいグループの活動をあと押しされました。

ただ、毎月一回の「おはなし会」を計画し、尼崎市内四三の「こどもクラブ」を一巡するには多くの人数が必要となり、新たにメンバーを募集して、基礎的な研修を行い、実際に活動を始めるにはかなりの時間を要します。しかし、心強いことに尼崎市には、前述した読書ボランティ

アグループがたくさんあります。最初、懇意にしていたグループの代表に相談したところ、予想に反し、全く良い返事はもらえませんでした。代表の思いはともかくとして、グループの活動には、メンバーの総意が優先します。他のグループとの交流には、誰しも少なからず不安を持ち、前向きに賛成する人の少ないことがわかりました。

しかし、いろいろな意見を聞くうちに、グループ内の温度差を感じました。個人的には新たな活動に賛同し、新しい組織への入会を希望したいという積極的な声も聞こえてきて勇気づけられました。

### 「尼崎こどもと本をつなぐ会」の結成

「おはなし会」を実施するためのボランティアと、お金の無い中で、それでも早く始めたい、子どもの成長は待ってはくれないという焦りにも似た気持ちで考えついたのは、「おはなし会の経験がある人に、居住地を中心に活動してもらう」という地域ごとの組織づくりでした。従来のグループの枠にとらわれず、個人の意思で、今、提案している新しいグループにも入会してもらえばいいのです。

この呼びかけに快く応じた人からは「尼崎市民の一人として、何かお返しがしたい」「ぜひ、地元に貢献したい」という熱い思いが感じられました。活動先は、わが子や孫のお世話になった学校の「こどもクラブ」です。予想していたとはいえ、改めて地域を愛する確かな人材（社会資源）には驚くばかりでした。

結果的には四〇数人集まり、二〇〇六年、「尼崎こどもと本をつなぐ会」と命名し、活動先を「こどもクラブ」とする一つの大きなグループが発足しました。人数が増えるにつれ、活動先をひとつずつ増やしていき、発足一年後には七三人ものボランティアが集結、市内四三の「こどもクラブ」に「おはなし配達」が可能となりました。省みると、ここにくるまでに、私自身の思いやためらいもあり、スタートまでに二年余の年月がかかりました。実際に歯車が回り始めると、口伝えにメンバーの入会があり活動が広がっていきました。「絵本やおはなしが子どもの成長に大きな力を持つ」という思いで、深く理解し合えた仲間の存在に感謝の気持ちでいっぱいです。会員の意見が反映されるよう執行部を組織して円滑な運営を目指しています。

### おはなし会を楽しむ子どもの姿

私達が訪問すると、三角すわりをした子どもが待っています。「おはなし会」担当の方が、「行儀よく」、「静かに」とか注意されています。ボランティアに対する受け入れは丁寧ですが、私達に気を使われるのか、ふざけている子どもにも注意をされます。私達の目的は、おはなしはこんなに楽しいもの、絵本を一緒に読んだり見たりすることは面白いことだと、言葉でなく身体で感じ取って欲しいという願いがあります。そのうち、子ども達は本やおはなしの面白さにきっと気づくはずです。

「子どもが集中しないのは私達の力量不足にもあるので長い目で見守ってください」と伝え、子どもにとって「おはなし会」が自由な楽しみの場になることを願いました。落ちついて楽しむという雰囲気づくりもあり、ローソクを灯した中で「おはなし会」を始めます。暗くはならない教室ですが、教室のカーテンを閉め、ローソクの炎の揺れる中で「むかしむかし、ある所に…」と語り始めると、子どもは「どんな不思議でも受け止めよう」とでもいうように、おはなしの世界に入ってくるのです。その集中力には驚くばかりです。昔話の

おはなしのローソク

最後は「とっぴん、ぱらりのぷう」と閉じて、現実世界に、子どもをちゃんと連れて帰ります。

読み聞かせの時には、「その本読んだ、家に持っている」とか「幼稚園で読んだ」と言う子どももいます。場面を見て知っているものがあるとつい先を言いたくなるのですが、周りに「しっー」と注意されて口をつぐみます。それでも「なー、な、言うたとおりやろ」と一言しゃべり、気が済んだ様子で安心しています。読み聞かせとストーリーテリングが、車の両輪のように「おはなし会」には大切であるという思いで、私達はプログラムづくりをしています。昔話・創作・詩・ことば遊び・科学絵本もバランスよく組み合わせています。

### おはなし会担当者との人間関係を築く

当初から「おはなし会はそこに集う全員のものでありたい」という私達の希望も、五年目に入った今では、理想的な環境が用意されるようになってきました。担当の方に子どもと一緒に行動してもらうようにすると自然に場が安定します。担当者の後押しなしでは成立しない「おはなし会」なので、円滑に楽しい集いを進めるためには、お互いに信頼できる人間関係を築いていくことが大切だと痛感しています。

### 良い本が少ない、こどもクラブの本棚

「こどもクラブ」には、子どもの興味を引きそうな本が少ないので残念です。子どもの図書の環境整備が、法律で定められてから一〇年以上になりますが、本棚には寄贈の全集やマンガ本が多い状況です。何より、おはなし会で楽しんだ本を再び手に取り追体験することが、本の好きな子どもを育てることだと考え、各種の助成金を申請し、会の蔵書を増やすことに力を入れて、絵本を「こどもクラブ」に残すようにしています。図書館の本は貸し出し期間に制限があり、個人のカードで借りた本は紛失の恐れがあるので、「こどもクラブ」に預け置くことはできないのです。子どもの傍らに本を置くという環境づくりを真剣に考えたいと思っています。

Aこどもクラブおはなし会

(ス)『**パナンペのはなし**』谷川俊太郎・文
(読)『**まるまるまるの本**』エルヴェ・テュレ作
(読)『**時計つくりのジョニー**』アーディゾーニ作

(ス)＝ストーリーテリング
(読)＝読み聞かせ

**尼崎こどもと本をつなぐ会**

### 実践記録を残し共通の資料とする

毎月の記録は「〇〇こどもクラブ実践記録」用紙に、「おはなし会」担当者がその日のプログラムと共に子どものようすなどを記入し、メンバー共通の資料として図書館の一角に保管しています。ファイル四三冊、その一枚ごとに、子どもの反応や声、私達読み手の失敗談もあり、興味深く貴重な資料です。その実践記録の中から一部を紹介します。

**『ぼくのかえりみち』**（ひがしちから、BL出版、二〇〇八年）は、あっと驚くしかけを持った不思議な絵本です。ラストは、そら君がお母さんの白いブラウスに飛びついて家までうまく帰り着きます。そのとき、パチパチと手を叩いた子どもがひとりいて、つられてみんなも拍手しました。

道路の白い線に沿って歩くそら君、一本の線が冒険の舞台になり断崖絶壁に立たされたそら君に胸をどきどきさせ、次々に起こる危険にハラハラします。ブラウスの白色に反応し、ああ、よかった。生きて帰りし物語～ほっとした瞬間のパチパチは、み

尼崎こどもと本をつなぐ会　こどもクラブおはなし会　実践記録

こどもクラブ　H　年　月

プログラム　月　日　時　分～　時　分

| 順 | | 書名 | 作者 | 画家 | 訳者 | 出版社 | 担当者 |
|---|---|---|---|---|---|---|---|
| 1 | | | | | | | |
| 2 | | | | | | | |
| 3 | | | | | | | |
| 4 | | | | | | | |

↑
読(読み聞かせ)ス(ストーリーテリング)他(詩・言葉あそびなど)
おはなし会 参加人数　子ども　人　大人　人

プログラム・選書・会の雰囲気・子どもの様子など、ひとことメモをお願いします。

この用紙は、例会のとき収集し、中央図書館の一階、ミーティングルームに各クラブ毎にファイルしています。
参考にしてください。　尼崎こどもと本をつなぐ会

実践記録用紙

んなの気持ちを一つにしました。私達は、この子ども達の帰り道が気になり、あとをつけていきたいような面白さでした（K記）。

『いろいろへんないろのはじまり』（八頁）は、最初から、「ありえない！」「いやな色や」「ウエー」と反応は最悪です。読むにつれ子どもが絵本の中の人々と同じ影響を受け「しんど」「目が痛ッ」と声にだします。色が混ざり合うのを見て、「あかん」とつぶやいた子、それだけに最後、色のあふれた美しい世界にうっとりと見とれてしまいました。この日は雨がひどく、兄弟、姉妹四人だけで気楽な雰囲気だったのか、いろいろな声が出ました。色が性格を持ち、色で気分が変わることに気づいた子どももいました（S記）。

### 異年齢の子どもが集うおはなし会の利点

「おはなし会」に参加する子どもの数は、一〇人以下の「こどもクラブ」もあれば、児童ホームの子どもも共に参加し、一〇〇人を超す集いもあります。利点は一年生を中心に異年齢の子どもの触れ合いが生まれる場所であるということです。担当者や子どもと顔なじみになってくると私達も安心して訪問することができるようになります。その信頼感は、はっきり読み手の選書に現れてきます。「ちょっと難しいかな？」と思う本でも、今までの経験から子どもに受け入れられると思うと挑戦したくなります。また参加者の少ない日は、予定していた絵本を変更し細密画的な絵本に頭を寄せ合って見ることもできます。

そして、年上の子がそこにいるとおはなし会の雰囲気が引き締まり、集中し、とても進めやすくなります。おはなし会にだけやってくる高学年の女の子もいます。活動の継続の効果を証明するには、まだまだ時間がかかると思いますが、わずか一カ月に一度の集いが、子どもの生活にしっかりと受け入れられているのです。「今日のおはなしは何？　今日はどんな絵本読むの？」と、顔を会わせるなり期待に胸を膨らませて尋ねる子どももいます。

終了後、担当者と雑談していると、「はないちもんめ」が始まりました。一〇人ぐらいの子どもが、掛け合い歌に合わせて寄せたり引いたりして、友達の取り合いっこをして遊びます。お手玉やこま回しなどの昔遊びを、年上の子どもが年下の子どもに手を添えて教えています。放課後のひと時、「こどもクラブ」は笑いに包まれています。

### よく取り上げる絵本

『ママのとしょかん』（六頁）は、幼いリジーが初めてママの勤める図書館に行き、ママが生き生きと仕事をする姿を見て、ママを誇りに思い、図書館はどんなことをするところかを学びます。リジーの明るい行動から、その暮らしの中に図書館の存在が大きな喜びを占めていることに気づきます。躍動感のある絵が魅力的です。

『時計つくりのジョニー』（エドワード・アーディゾーニ／作、あべきみこ／訳、こぐま社、一九九八年）は、読み聞かせると約二〇分かかります。

機械の仕組みやものづくりはここまで子どもの心をとらえ、興味のあることなのかと驚くばかりです。部品を並べ、振り子の調節をジョニーが始めると子ども達は身を乗り出すようにしました。

何回も本を読んで学び、のこぎりを使い、釘を打つジョニー。「こんな作り方の本が欲しい」と、一年生の男の子のつぶやきが印象的でした。「イギリス

の雰囲気が色濃く出ている作品」と後書きにありますが、無理解な両親、教師、いじめっこ、応援してくれる人達と、子どもの関心事がたくさん盛り込まれているのも人気の秘密かもしれません。読み手が子どもの熱い視線を感じながら読む絵本です。

**『ウェン王子とトラ』**（チェン・ジャンホン、平岡敦／訳、徳間書店、二〇〇七年）は、昔、猟師に子どもを殺されたトラが、憎しみのあまり村を襲い人々に危害を加えました。幼い王子をトラにさしだす以外に国を救う道はないと知った王は、ある決心をします。動物と人との共存が、迫力のある大判の画と文章で見事に描かれているのを、子ども達は息を呑むようにして見つめます。

**『はしって！　アレン』**（クライド・ロバート・ブラ／文、市川里美／絵、舟崎靖子／訳、偕成社、一九八〇年）のアレンは四人兄弟の末っ子。お兄ちゃん達の足は速くて、アレンは追っかけてばかり。「走って、走って」とみんなに急かされ、へとへとになったアレンは、草っぱらでねころび、一人ですてきな遊びを発見しました。

**『いちねんせい』**（谷川俊太郎／詩、和田誠／絵、小学館、一九八八年）を読むと、子どもは予想以上に詩を楽しみ喜ぶことに気づきます。「おはなし会」の導入にも気分転換にも手放せない一冊です。声を出せばいっそう面白く「わるくち」は常にリクエストがかかりますし、「たいこ」はみんなで声を出し、手を打ち、床を叩いてリズムを取り楽しみます。

**『まるまるまるのほん』**（エルヴェ・テュレ、たにかわしゅんたろう／訳、ポプラ社、二〇一〇年）は、絵本を指で押して、こすって、ゆすって、傾ける。そんな遊びを絵本が誘いかけてくれるのです。

まるという色とりどりの円形がこんなにも美しく不思議な動きを持つものかと感動します。絵本のまるをクリックして、手を叩く「もっともっとー」という子どもの叫びが拍手と重なって一層盛り上がっていきます。まるは平面ではなく球体に見えてきてその面白さを際立たせます。この目新しい変化のある絵本はフランスのイラストレーターの作品です。予想外のまるの展開場面にみんな驚き、ひとりでに身体が動き出します。子どもの感性がはじける瞬間を見たような気がしました。

**『子リスのアール』**（ドン・フリーマン、やましたはるお／訳、BL出版、二〇〇六年）は、自分の力で、おいしいドングリを見つけるようになるまでのアールの成長の話です。周りの人から受ける優しさが、時には相手（アール）を駄目にすることを、母リスはアールにきちんと教え込みます。

**『もりにいちばができる』**（五味太郎、玉川大学出版部、二〇〇八年）は、動物がそれぞれの食べ物を交換することで好きな食べ物を得るという生活手段のはじまりの話です。相手に喜んでもらいたいという優しさが、みんなの心に生まれてきます。

**『てとてとてとて』**（浜田桂子（作）、福音館書店、二〇〇八年）が、かがくのともの傑作本として出版された当時、私は担当するすべてのおはなし会場で読み聞かせをした記憶があります。箸を持ち、クレヨンを持ち、鉄棒を握り、点字を読み、手話をする手の働きが書かれています。毎日

お世話になっている手に「ありがとう」と言いたくなります。コミニュケーションする手のぬくもりに誰かと手をつなぎたくなるような不思議な力を感じさせる絵本です。

### 活動のみのり――六年目を迎える

懇親会は一年に一度、関係者が集まっていろいろ意見を交わします。わずか月一度の「おはなし会」ですが、子どもの想像力が高まってきたという指摘があり、最後まで楽しむ集中力も備わり、最初は「おはなし会」に興味がなかった子どもも少しずつ変わってきたなどの報告を聞くと、ほっとします。時には、私達の選書や読み方に「こどもクラブ」からの要望や指摘があり、そのためにも私達は毎月のスキルアップ講座で研修を積み重ねています。

メンバーは「ボランティア活動だから、このくらいにしとこう」と、立ち止まる人はいません。実践と評価・反省を繰り返しながら、今、自分達ができることに前向きに取り組んでいます。それは、おはなし会で子どもに出会うことで、自然にそうした姿勢が身に付くようになったのです。メンバーはこれまでの経験から一人ひとりのスキルを高めなければ子どもの前に立つことはできないと実感したのです。

それほど子どもは元気で好奇心に富み、希望の塊です。そして絵本は魅力的で生きている喜びに満ちあふれています。私達は生きがいを、子どもと絵本からもらっている活動であることに深く思い至ります。

入会したメンバーのほとんどが、他のグループで、すでに活動している力を持った人達です。その人達が、新たな仲間と、地元で出会い、同じ場所で活動ができるようになったのです。二つのグループの縦糸と横糸とがからみ合ったような密な関係が生まれます。近所に住む者同士だけに、お互いの活動日が融通できるようにもなり、道でばったり出会うこともあるわけです。面識が増えるということは、それだけで地元の活性化につながり、思いがけない交流ができるようになります。そして地元の子どもがとても身近に感じられ、「おはなし会のおばちゃんや―」と声を掛けられると、一層子どもに対する慈しみも生まれます

### 図書館とボランティアをつなぐ新たな取り組み

尼崎市全域のおはなしボランティアが「尼崎こどもと本をつなぐ会」で同じテーブルに着いたことにより、図書館との新たな絆が生まれました。二〇〇八年、図書館と七つのグループの代表者による「としょかんおはなしボランティア連絡会」が結成され、図書館での各種の企画を話し合う場が実現しました。文化講演会、各種講座、毎月のおはなし会、春と秋の親子まつりなど、子どもが図書館に遊びに来る行事を大切に企画していこうと話し合えるようになりました。

尼崎市の読書推進事業が五年間の期限を切り、二〇一一年度で終了になりました。五年前から、六か所の公民館において「読み聞かせ初級講座」が企画され、毎回二〇人前後の受講者がありました。

受講者は子どもに読み聞かせをするのが夢だった人、小学校図書ボランティアのグループの数人、もう一度絵本のことを基礎から学びたい経験のある人、じっくり孫に絵本を読んでやりたいと思う人など参加者は様々ですが、みなさん新しい取り組みに意欲的で、誰もが絵本の面白さや奥深い意味に気づき感動するのです。

> 長年、園で影絵のナレーターを務めている私は気軽に講座に参加しました。読み聞かせというものは綺麗な発音で聞きやすく読めば良いものだと正直軽く考えていました。初回、講師の『ウェン王子とトラ』を聞いた時、ぐんぐん引き込まれていく自分にびっくりしました。絵本を読まれる前はただ聞くつもりの態度でした。でも講師の読み方で絵が生きてくるのです。トラの目が光って見えて、衝撃でした。毎回の講座は楽しみで充実していました。講師の言葉は刺激的でうなずく事ばかりでした。講座の最後に、100人の塚口こどもクラブ・児童ホーム対象の「おはなし会」に出演し、会場の一体感に感動して涙が出てきました。
> ―後略―
> 　23年度立花公民館・読み聞かせ講座
> 　　　　修了生　Y・M

その後、図書館で「中級講座」が開かれ、講師の指導を受け、「初級講座」の修了生を中心にストーリーテリングの勉強会が開かれます。そして、ここでの修了生が既存の「おはなしグループ」に入会し、メンバーとして学び、徐々に経験を積んでいきます。

　このように入門から活動までのしっかりしたパイプが尼崎市の「ボランティア育成講座」に構築されていることに私達は誇りを持っています。引き続き二〇一二年度も実施できることになりました。運営に際しては内容を充分に打ち合わせて、毎月検討しながら進めています。

　私達は、これからの課題として新しいボランティアの育成を中心に、「尼崎こどもと本をつなぐ会」を継続し、より一層の充実・発展に努めていきたいと思います。

（川口桂子）

研修風景

研修後はなごやかに語り合う

## (3) 園児の待つ「多文化絵本」の世界

私は絵本が大好きで、五年前に保育園を退職してからずっとどこかの保育園・幼稚園でボランティアの「絵本の読み聞かせ」をしたいと願っていました。二年前から奈良市学園前のN保育園の五歳児（約四〇名）を対象に、月一回、四〇分間の「絵本タイム」を担当しています。

子ども達は、毎月やって来る私をとても楽しみに待っています。会場に着くとすぐに、前に読んでもらって面白かった絵本をリクエストしたり、新しい絵本に出会うと、すかさず「この絵本、次も読んでね」と約束を取りつけたりするようになりました。

私の所属している絵本研究会の研究テーマは、「異文化理解のための絵本」なので自分の実践研究のためにも、四月からの「絵本タイム」の読み聞かせを活用して、「多文化絵本」をできるだけ取り上げてみたいと考えました。

「絵本タイム」で取り上げる絵本は、一回に二〜三冊です。一年間に取り上げる絵本は末尾の計画表を参考に、準備のために予定の絵本を改めて読むと幼児向きではないと判断したり、子ども達のリクエストで別の絵本が入ったりして、絵本の差し替えをします。

年間計画に挙げた「多文化絵本」のほとんどは、五歳児が喜んで受け入れていたと思います。また、私が「絵本タイム」で大切にしている、「子ども達と読み手が、互いに絵本を読み合う」という感動体験の目的も達成されているのではないかと自負しています。

### 四月の「絵本タイム」

今月の絵本は、**『はじめてのせかいちずえほん』**（一一頁）、**『びくびくビリー』**（二〇頁）、**『ガラスめだまときんのつののヤギ』**（九頁）の三冊です。

『はじめてのせかいちずえほん』は、子ども達が四歳児の時に取り上げたことがあるので、みんなよく覚えていて、口々に自分の知っている国の名前を言うので騒々しくなりました。そして、「ぼくドイツに行った」「わたし、韓国や」と家族旅行のことを報告する子どももいました。絵本の場面の一番人気は「どうぶつたちが　すんでいるところ」で、自分の好きな動物の絵を指差しながら、「パンダはどこだ？」「中国」。「キリンは？」「アフリカ！」「当たり！」。「次は、ペンギン」「南極や」。「そんなら、カンガルーは？」「オーストラリアやー」などと競い合って言うのです。五歳児がほとばしるように知識欲を発揮する姿に驚きました。

一人の子どもが、動物の名前に黄色の！マークがあるのを見つけ、「これ、何？」と尋ねます。絵本の説明を見ると、！マークは「いなくなってしまう　しんぱいのある　どうぶつ」でした。「パンダやシマウマ、シロナガスクジラなどの珍しい動物の数がどんどん減っていって、しまいにはいなくなるかもしれないのだって…」と言うと、すかさず「ぼく知ってるー、絶滅危惧種のことや、テレビで言うてたわ」と言う子どもがいて、難しい言葉を知っていることにまた驚きました。

「世界で一番長い川は？」、「そんなら、山は？」などと、みんなで調べたり、当てたりしていると、またたく間に三〇分が過ぎました。

私は「ちずえほんは、とても面白いけど、今日はもう一冊あるから、また次にしようね」と区切りをつけ、『びくびくビリー』を出し読み始めると、子ども達は一斉にしーんとなり、物語の世界に入っていきます。

この絵本を選んだ理由は、五歳児になり自信を持ち、張り切っている半面、周りの人びとからの期待される責任感から、時々不安を感じているかもしれない新年度の五歳児へのエールでした。

　お話は、おばあさんが教えてくれた「心配引き受け人形」のお陰で、ビリーは一度はぐっすり眠れたものの、次の心配が起きてしまうのです。そしてビリーは「心配ごと」を引き受けてくれた人形のことが心配になり、「しんぱいひきうけにんぎょうのための、しんぱいひきうけにんぎょう！」をたくさん作りました。

　読み終えたあとで、子ども達は、「よかったなー、人形たくさん出てきたね」「全部名前がついていたな」「わたし、この子が欲しい」と人形のたくさん描いている場面に興味を持ち、「ビリーって、やさしいね」とうなずき合います。子どもの顔には、ホッとした安心感と「ビリー、よかったね」という満足感が見られました。「しんぱいひきうけ人形」は中央アメリカのグアテマラに昔から伝わる人形で、今では、この人形のことを世界中の子ども達が知っています。

## 五月の「絵本タイム」

「絵本タイム」は毎月四週目なので、子ども達は新しいクラスにすっかり落ち着き、「今日は、どんな絵本だろう?」と期待しています。

　今月の絵本は、**『トビウオのぼうやはびょうきです』**（いぬいとみこ／作、津田櫓冬／絵、金の星社、一九八二年）、**『とうもろこしおばあさん』**（一八頁）、**『おすしのせかいりょこう』**（六八頁）の三冊です。この本は、四歳児の時に読んだ絵本で、子ども達は家族で「回転ずし」に食べに行っているので、体験が後押しする大好きな絵本となりリクエストをされました。

『トビウオのぼうやはびょうきです』は、二〇一一年三月の東日本大地震の津波災害や原発事故が連日テレビで報道され、私自身も「海の放射能汚染は、どうなのだろう?」と思い、原発事故に関連して取り上げたいと思いました。この絵本は放射能汚染の重いテーマであり、五歳児に理解できるかどうか心配でもありました。

「東日本で大きな地震と津波が起きて、大勢の人が死んだり、家が流されたりしたの知っている?」と語りかけると、「知ってる、テレビで見た」「お家が壊れてた」「海から大きな津波がきたんやで」「電気も水道もないんやでー」と真剣な顔で言います。

　私は保育室の電気を指差して、「みんなは、電気がどこからきているか知ってる?」と言うと、「知ってる、電線からや」「電気作る工場からや」「それ、発電所っていうのやで」と子ども達はよく知っています。原子力発電所の事故で大変なことになっていることを話し、実際に起きた第五福竜丸の水爆実験の事故のことが絵本になったことを話しました。

　魚が死んでいる場面で「あっ、魚が死んでる!」「しっぽきれてる」と心配そうにしています。「海は、ずっーと続いているのかな?」「そうやで、アメリカまで続いているんや」と言います。私は、「世界中の人みんなの大切な海を汚さないようにしなければいけないのよね」と言って絵本を閉じました。子ども達の日常生活には、原子力や水爆事故という言葉は縁のないことですが、大地震、大津波、原発事故のニュースに関連して、五歳児なりに大事故の恐ろしさ、日頃から電気や水を大切に使い節約すること、安全で平和な暮らしの大切さを考える機会にしたいと思いました。

六月の「絵本タイム」

絵本の読み聞かせを楽しみに待つ子ども達はニコニコして私を待っていました。絵本は**『アンデスの少女ミア』**（一〇頁）、**『世界のことばあそびえほん』**（三頁）の二冊です。

はじめに手づくりの世界地図を広げ、南アメリカのアンデス山脈の位置を示しました。南米のアルゼンチン、ブラジルなどの国の名前は、何度も聞いているので馴染みがあります。「今日の絵本は、アンデス山脈にあるチリという国のお話です」と言うとみんなの目が集中してきました。住む家がなく、ゴミ置き場から拾ってきた木で作ったボロ小屋で暮らしているミアという名前の女の子の話であること、ミアが可愛い仔犬を拾って育てていることを話して読み始めました。

一頁にいくつもの場面があったり、絵が小さかったりするので、文章に合わせて子どもによく分かるように場面を指差しながら、ゆっくり読み進めていきます。子ども達は真剣な顔付きで聞いています。どの子どもも黙っています。お話の終わり近くになり、たくさんのイヌの中の一匹が近寄りミアの顔をなめた時、みんなの顔にホッとした空気が流れ、「ポコ、大きくなって帰ってきたなー」「よかったなー」と隣の子どもとうなずき合います。お花がいっぱい咲いている場面をゆっくり見せて終わりました。

七月の「絵本タイム」

今月の絵本は**『ワンガリの平和の木』**（一〇頁）、**『図書館ラクダがやってくる』**（六頁）、**『ばあちゃんのなつやすみ』**（梅田俊作・佳子、岩崎書店、一九八〇年）の三冊です。

私が「みんなは図書館に行ったことある？」と尋ねますと、口々に「あるよ」「わたし、ママと行った」「たくさんの本があったー」と子ども達は答えます。「図書館は、自由に絵本を見たり、借りたりできるのよ。移動図書館は、自動車で本を図書館のない地域へ運んで行くのよ」と言い、「世界にはラクダやゾウの背中に本を積んで運ぶ移動図書館があります。今日の絵本は、世界の移動図書館のお話です」。これは、小学生向きの本なので初めから通して読み聞かせるのではなく、子ども達の興味のありそうな場面を選んで説明をすることにしました。「アフリカのケニアや中国の隣のモンゴルでは、五〇〇〇冊もの本をラクダが運ぶのよ」「タイでは、ゾウが運んで行くのよ」。その他にも、船やソリで運ぶところなどを紹介します。

何カ月も待ち、ようやく届いた本を大人の隣で読んでもらっている子ども達の幸せそうな顔の場面を見て、「みんな嬉しいんだね」と自分の体験と同じように共感しています。

『ワンガリの平和の木』は、荒れ果てた土地に木の苗を植えて緑の山に変えていく運動で、ノーベル平和賞を受章したケニアのワンガリ女史の実話です。絵も言葉もすっきりと子どもによく理解できる構成で、絵本に添ってそのまま読み聞かせましたが、「ケニアには木がないんだね」「苗を植えて緑の山になってよかった」「よいことをしても、捕まるのは変だね」と子どもなりの感想が聞かれました。

八月の「絵本タイム」

二〇一二年の八月に、私は内モンゴルで「幼児園」を開いたモンゴル

人の友人の招待を受けて、内モンゴル自治区の旅をしました。どこまでも続くモンゴルの大草原、羊の草を求めて移動するゲルの暮らし、人懐こい笑顔の子ども達など、異文化の情緒と感慨にどっぷり浸り楽しい経験をしました。この感動体験を子ども達にもぜひ伝えたいと思い、今月はモンゴルの絵本を選ぶことにしました。

**『スーホの白い馬』**（九頁）、**『草原の子どもたち――モンゴル族の子どもたちの生活』**（北沢杏子／文、塩原日出夫／写真、アーニ出版、一九九八年）、**『ぼくのうちはゲル』**（バーサンスレン・ボロルマー、長野ヒデ子／訳、石風社、二〇〇六年）の三冊です。

私が内モンゴルで泊まったゲルのオーナーにもらったシャガイ（ヒツジの骨）を子ども達に渡し、全員が手に取って見てから、「これ、何だと思う？」と尋ねると、子どもは「石とちがうか？」「動物の歯と違うかー」「これ硬いな、骨かも知れんなー」「気持ちいいね」「ゾウの骨かも知れんでー」と思ったことを言います。

私はいつものように手づくりの世界地図を広げて日本とモンゴルの場所を確かめてから、読み聞かせます。モンゴルの人は日常生活では、姓を呼ばないで、星や風、花の名前を付けて呼び合うことを話すと「ふーん」と納得したような顔をしていました。

ゲルの中には電気や水道はないこと。モンゴルの子どもは五歳になると親から自分のヒツジやヤギを与えられて、責任を持って世話をすること。六歳になると親から離れて月曜日から土曜日まで遠く離れた小学校へ馬に乗って行き、学校の寮で生活をすることなどを話すと、「えっ、馬に乗って学校へ行くの？」「学校は、遠いの？」「みんな一緒に寝てるねー」「あっ、お父さんが迎えにきたでー」と場面から発見したことを口々に言います。

ゲルの中の生活場面では、「あっ、さっきのと同じものがある、やっぱり骨やったね」「ヒツジの骨だってー」と疑問が解け、本物を見て興味津々のようすでした。おじいちゃんやおばあちゃんとの楽しそうな触れ合いの場面、学校で真剣に勉強しているようす、乗馬の練習などを面白そうに見ていました。

シャガイで遊ぶ子ども達

子ども達がモンゴルの絵本を一度見ただけで、モンゴルに対する理解や興味が深まるとは思いません。また、子ども達は聞きなれないモンゴル語に首を傾げることもありました。クラスの中に家族でモンゴル旅行をしたHちゃんがいて、絵本の場面ごとにひときわ目を輝かせて「私、モンゴルに行った時、あれ見たー。おんなじや」と嬉しそうに言いました。

### 九月の「絵本タイム」

今月は、アフリカの大地と民族の活力を描いた絵本の中から、**『ほーら、これでいい！』**（一四頁）、**『ハンダのびっくりプレゼント』**（一四頁）の二冊を選び、もう一冊は、**『ながいかみのラプンツェル』**（グリム／作、ヘリクス・ホフマン／絵、瀬田貞二／訳、福音館書店、一九九一年、現在、品切）、の三冊です。『ながいかみのラプンツェル』は、先月の「絵本タイム」の終わりに女の子が私をわざわざ追いかけてきて、私の耳元で「私、今度、ラプンツェル読んで欲しいのー」とリクエストした絵本です。昨年読んでもらった絵本をよく覚えていることに驚き、その子の願いを叶

えることにしました。

『ほーら、これでいい!』は、アメリカで奴隷だった人びとが解放されてアフリカで建国した、リベリア（自由の国の意味）の昔話で、「みんなで力を合わせて助け合うことが大切だ」と教えるために、子ども達は、おばあさんやお母さんからこの昔話を聞いて大きくなっていくのだそうです。頭と手と足と胴体がバラバラという「エッ!」と驚くような絵本ですが、子ども達はくったくなくニコニコして見ています。場面が進んでいくと、「なんでやねんー」「それ、ちがうやろー」「おかしいやん、なあー」と友達と顔を見合わせて言い合っています。

そして、絵本に向かって指を指し「もっと、上や、上!」「おへそが、上向いてるやんか」とか、「違う、違うねんー」と、もどかしそうに首を振り、まるでゲームをしているように真剣です。場面が変ると「これで、どう?」「それとも、こうかな?」「ちがうよ、こうだよー」などと絵本の登場人物を応援し、いろいろくっ付けて試している場面では、「うわー、目がまわるよー」と叫び、みんなで大笑いをしました。それぞれの体の部位が正しく収まった最後の頁では、「うんー、それでいいよ」と満足してうなずいていました。

読み手の私としては、この絵本の意図するテーマが子どもに伝わったのか疑問でしたが、子ども達は大層面白がっていました。

次の絵本は、「ハンダのびっくりプレゼントです」と言うと、「えっー、パンダやってー、パンダの本なの?」と聞き違えて騒ぎます。「いいえ、パンダではありません、ハンダと言う名前の女の子と友達のアケヨの話です」と伝えて読み始めました。絵本のストーリーは三～四歳児も理解できる

単純で愉快な展開で、絵もわかりやすいものです。

ハンダの頭に載せた籠にはたくさんの果物が入っています。「えー、頭に載せて運ぶの?」「頭が痛くないのかなー」「落ちないの?」と子ども達は興味津々のようすです。次々と現れる動物や珍しいフルーツ、いい匂いのグアバのこと、香りの強い紫色のパッションフルーツのことなど少し説明を加えながら、読み終えると、この絵本のからくりがわかり、子ども達はほっと安心して満足なようすでした。この絵本のシリーズには、同じ作者の『**ハンダのめんどりさがし**』もあります。

毎月の「絵本タイム」で取り上げた絵本が保育園にない場合は、「五歳児のクラスに貸してあげるわね」と置いていきます。担任保育者が、再度読み聞かせたり、子ども同士で読み合って欲しいと願っています。

また、夕方のお迎えの時に、「今日、絵本のKさんにこの本を読んでもらったよ」と嬉しそうに保護者に見せて、そこでお母さんにもう一度読んでもらう子どももいると聞きました。「絵本タイム」での素敵な絵本との出会いが、親子の絵本の読み合いに広がることを願い、たくさんの「多文化絵本」の中から、今月の絵本を選ぶのが楽しみです。

四月から始めた「多文化絵本」の読み聞かせ実践は六カ月たちましたが、取り上げる絵本により読み聞かせの方法を工夫したり、子どものようすによっては早く切り上げたりしながらも順調に展開しているように思います。絵本を読み終えた後に、子ども達が「ふー」と吐息をつき、子どもが自然に身を乗り出し、身体中で絵本の世界を受け

**「絵本タイム」の年間計画**

| | |
|---|---|
| 4月 | ①はじめてのせかいちずえほん　②びくびくビリー　③ガラスめだまときんのつののヤギ |
| 5月 | ①おすしのせかいりょこう　②トビウオのぼうやはびょうきです　③とうもろこしおばあさん |
| 6月 | ①アンデスの少女ミア　②世界のことばあそびえほん |
| 7月 | ①図書館ラクダがやってくる　②ワンガリの平和の木 |
| 8月 | ①スーホの白い馬　②草原の子どもたち　③ぼくのうちはゲル |
| 9月 | ①ほーら、これでいい！　②ハンダのびっくりプレゼント |
| 10月 | ①アフリカの音　②きつねのホイティ　③パパといっしょに |
| 11月 | ①アンジュール　②うしはどこでも「モ〜！」 |
| 12月 | ①十二支のお節料理　②ソルビム——お正月の晴れ着 |
| 1月 | ①アンナの赤いオーバー　②魔法のことば |
| 2月 | ①あかてぬぐいのおくさんと7にんのなかま　②ペレのあたらしいふく　③としょかんライオン |
| 3月 | ①あかちゃんのゆりかご　②ぼくじょうにきてね |

止めようとしている姿を目の当たりにして読み手の私も熱くなるのです。このことは、多文化絵本に限らないと思いますが、私が選んだ絵本を「子どもと一緒に読み合う喜び」を味わっています。

以上は、私がまだ始めたばかりの「多文化絵本」読み聞かせの実践ですが、今まで何年も子ども達に絵本の読み聞かせをしていて、体験できなかった、いや気づかずにいたと思われる子どものほとばしり出てくる感動する姿、そして新しいことをもっと知りたい、本当のことを知りたいという五歳児の旺盛な知的好奇心に圧倒されています。読み聞かせの回を重ねる度に、子ども達が多文化絵本の虜になり、絵本に吸い寄せられて成長していく姿を見て、読み手の喜びに浸った幸せなひと時でした。

絵本は大人も子どもも年齢に関係なく、誰でも楽しむことのできるメディアです。読み手が選んだ絵本を読み手自身がどのように感動し咀嚼して子どもに伝えるか、その絵本で伝えたいメッセージは何なのか、などの意図を考えて子どもと一緒に絵本の世界を楽しみたいと思います。

（児玉晶代）

## (4) 小学生と楽しむ多文化の絵本

私は岡山市中心部の公民館で五人の仲間と文庫活動をしています。今年で二二年目になりました。

二〇〇八年から、公民館内にある放課後子ども教室「おおもとふれあいタイム」から依頼を受け、おはなし会を行っています。小学校中・高学年が対象ですから、プログラムには詩、ストーリーテリング、語り、絵本の読み聞かせ、ブックトーク、取り上げたテーマに関する簡単な実験や工作を取り入れています。放課後子ども教室とは、小学四年生以上が対象で地域のボランティアで運営され、自主勉強や集団活動を行う放課後の安全で安心できる居場所です。大元公民館では月、火、木、金曜日の週四日、開かれています。

### わ＝輪

新年初めてのおはなし会は、ぐるぐるまわる話を中心に行いました。「しゅくだいはやくやりなさい　おなかがすいてできないよ　ほっとけーきをやけばいい　こながないからやけません」と親子の会話にきりがない「きりなしうた」**『幼い子の詩集パタポン①』**（田中和雄／編、童話屋、二〇〇二年）で始めました。この詩の中にハワイに行っている歯医者を呼んで来いという部分があり、掛け合いが笑いを誘います。絵本**『わゴムはどのくらいのびるのかしら？』**（マイク・サーラー／作、ジェリー・ジョイナー／絵、きしだえりこ／訳、ほるぷ出版、二〇〇〇年）は、ベッドの枠にひっかけた輪ゴムが宇宙まで伸びていく話です。

実験は細長い紙の端をねじって止め、紙の真ん中を切っていくと二つの輪になるメビウスの輪と一枚の葉書で体をくぐらせることができるか？　です。一枚のハガキを使った実験は、参加していた四年生のM君が「僕はやったことがあるよ」とみんなの前でやり方を披露してくれました。どのようにやるかは、**『かいけつゾロリのまほうつかいのでし』**（原ゆたか、ポプラ社、一九八八年）の見返しに詳しく載っています。

### 光と影

今回のテーマは光と影です。白と黒の絵本**『光の旅かげの旅』**（アン・ジョナス、内海まお／訳、評論社、一九八四年）は朝出かけていき、お昼に本をひっくり返して、読み続けると夕方になって帰ってくるお話。一つの場面がひっくり返すと違う場面に見えてくる不思議な絵本です。もう一冊は頁をめくる速さに合わせて動物が動いて見える**『ギャロップ!!』**（ルーファス・バトラー・セダー、大日本図書、二〇〇八年）。どちらも子ども達から「わあー」と驚きの声が上がるしかけ絵本です。

### まわる

一軒のちいさな家が時代の流れに巻き込まれ、長い時間をかけて自分の居場所をみつける**『ちいさいおうち』**（一九頁）。**『世界あちこちゆかいな家めぐり』**（四頁）には、地下に穴を掘って暮らすチュニジアの家が紹介されています。外気温が五〇度にもなるこの国では、地下の部屋

は涼しくて快適です。屋根から雨水を取り込んで飲料水に利用するセネガルの家などが描かれ、それぞれの家から、その土地に合った暮らし方が見えてきます。

上から読んでも下から読んでも同じ回文やだじゃれは、言葉がしっかり習得できた中学年が面白がります。**『ことばのこばこ』**（和田誠、瑞雲社、一九九五年）には言葉遊びがたくさん入っています。簡単な回文「こねこ」から、高度な回文「たいふうごうごうふいた」、大人には懐かしく思わず口から言葉が出てくる「さよならさんかくまたきてしかく…」など、ぐるぐるまわる言葉で子どもも大人も楽しみました。

## いろいろな国の文化や習慣を知る

今月は、いろいろな国のお話を楽しみます。ホワイトボードに世界地図（写真）を貼り、詩「朝のリレー」（**『ポケット詩集Ⅲ』**田中和男／編、童話屋、二〇〇四年）を読みました。

「カムチャッカの若者が　きりんの夢を見ているとき　メキシコの娘は朝もやの中でバスを待っている　ニューヨークの少女がほほえみながら　寝返りをうつとき　ローマの少年は頭注を染める　朝陽にウインクする　この地球ではいつもどこかで朝がはじまっている…」という詩に合わせてカムチャッカ、メキシコ、ニューヨーク、ローマと地図の場所を確認していきます。

「５年生の世界地図」
（新日本教文／編集・発行）

絵本の一冊目はアメリカ・インディアン民話**『とうもろこしおばあさん』**（一八頁）です。泊めてくれたお礼にパンを焼く話。パンの材料はおばあさんが自分のももをかいて出たトウモロコシです。子ども達は「うえー、気持ちわるー」と口々に言います。「自分の体から穀物が出る話は日本にもあるよ。『古事記』って知ってる?」と、『古事記』の中から「須佐之男命の追放・穀種」を読みました。須佐之男命が天を追われて、地上への旅に出る前、穀物を司る女神大気津姫神に食べ物をもらいに行きます。大気津姫神は口や鼻、お尻からいろいろな食べ物を出し、それを調理して御馳走を作りました。大気津姫神は須佐之男命の怒りをかい、殺されてしまいます。その死んだ体からたくさんの穀物の種ができたという話です。遠く離れた国なのに同じような話があるんだなあとみんなで驚きました。

二冊目は、**『せかいのこどもたちのはなし　はがぬけたらどうするの?』**（三頁）です。子ども達に「歯が抜けた時、どんなふうにした?」と尋ねると、「歯を投げたよ」とその時の体験を鮮明に覚えていて、教えてくれます。また、高層住宅で暮らしている子どもの中には「おばあちゃんちに行って、屋根に投げた」という経験を持つ子どももいました。この絵本の中には、抜けた歯を枕の下に置いておくと妖精やネズミが金貨に変えてくれる、ネズミの穴に落とす、私たちと同じように屋根や縁の下に投げる習慣の国が出てきます。子ども達には、アメリカやデンマークの寝ている間に金貨に変わる言い伝えがダントツの人気でした。

最後に**『いっしょにあそぼう—アフリカの子どものあそび』**（イフェオマオニェフル／作・写真、川口澄子／画、さくまゆみこ／訳、偕成社、二〇〇七年）から、オクウェ（種あそび）に挑戦しました。たくさんの種を山のように置き、その中の一つぶを投げ上げ、落ちてくる間に下の種と落ちてくる種を取って、数を競う遊びです。日本のお手玉に似ています。子ど

も達と大豆を使って挑戦しました。最初は、あちこちにコロコロと転がっていていた大豆も、少しずつ要領を得ていっぺんに一〇個以上取る子もいて、体も気持ちも熱くなって競い合いました。

## いろいろな国の文化や習慣を楽しむ

今月は、先月に引き続き「いろいろな国の違う文化を楽しむ」です。**『手で食べる?』**（三頁）では、手で食べるってお行儀が悪いことですかと問いかけます。おにぎり、サンドイッチ、ハンバーガーは手で食べます。箸を使うアジアでも、国によって使い方が違います。韓国ではご飯とスープはスプーンで、おかずは箸を使います。中国やベトナムはお皿に盛った料理をみんなで手を伸ばして食べるので箸が長いのです。モンゴルでは、肉の塊を切り分けるナイフと箸がセットになっていて、一人ずつ持っています。

昔はスパゲッティも、肉の塊もナイフで切った後、手で食べていました。フォークやスプーンなど食べるための道具は、その地域の食べ物や用途に合わせて変化してきました。エスカルゴを食べるときに貝をつかむ道具（写真下）は、何に使うのか子ども達にはわかりませんでした。

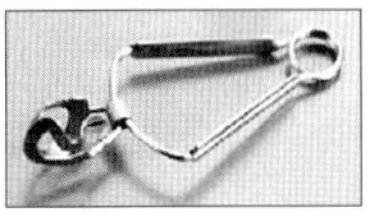

次は**『子どもに語るアイルランドの昔話』**（渡辺洋子・茨木啓子／編・訳、こぐま社、一九九九年）の中から、旅をしながら農家の手伝いをする若者が、ある晩泊まった一軒家で、棺桶を運ぶ手伝いをさせられる怖いお話「お話を知らなかった若者」を聞きました。

その後は、ストールを使ってターバン巻に挑戦です。**『一枚の布をぐるぐるぐる』**（五頁）を参考にしながら、いろいろ試してみました。このターバン（下段写真上）はモロッコ、北アフリカ地域に住むベルベル人の巻き方です。子ども達も私達スタッフもぐるぐる巻いて、ベルベル人の気分を味わいました。

## 世界の挨拶

新しい年度になりました。昨年度の子ども達の中で卒業したり、新しい仲間が入ったりして、メンバーが少し変わったので、お互いを知るために挨拶から始めます。

「今日はどんなはなし?」と子ども達がどやどやと入ってきました。はじめに両手の親指を人に見立ててのお話、「ブラックさんとブラウンさん」（『おはなしおばさんの小道具』藤田浩子／編著、一声社、一九九六年）です。ブラックさんは丘を下り、丘を登ってブラウンさんに会いに行きます。ブラウンさんはいません。翌日はブラウンさんがブラックさんに会いに行きますがいません。次の日は二人がお互いに会いに行き、丘の上で出会い、楽しくおしゃべりをします。子ども達も親指を使ってペチャクチャ話をしました。

絵本はライオンのお父さんが子ども達と散歩をする**『ライオンのよいいちにち』**（あべ弘士、佼成出版社、二〇〇一年）です。草原で出会う動物たちに「子守り? えらいわ」と言われますが、悠然と散歩を続けます。

次は**『世界のあいさつ』**（三頁）です。絵本を読み、世界地図で地域を確認しながら挨拶を実際にやってみせます。

胸の前に握った両手を合わせる漢族、抱き合って懐かしい相手の匂い

を嗅ぐモンゴル族、胸の前でお祈りをするように両手を合わせるインド人、尊敬する人の手を自分の額にあてるセネガルのウオロフ族、相手の顔や胸をさすって、頬ずりをする南アメリカのワイカ・インディアンなど、五年生の男の子二人がのりにのって、やってくれました。東アフリカのキクユ族の相手の手にツバをはきかける挨拶は子ども達が「きちゃねー」と嫌がっていました。最後はイヌイットの挨拶「笑う」です。みんなで大笑いしておしまいにしました。

**『こんにちは・おはよう』**（竹下正之／監修、ＡＩＴ外国語センター／言語指導、ポプラ社、一九九六年）、**『子どもの写真でみる　世界のあいさつことば』**（稲葉茂勝、こどもくらぶ／編、今人舎、二〇〇四年）も参考にしました。

## お国ことば

先月のテーマ、世界の挨拶の打ち合わせの時に、日本の方言も面白いという意見が出ました。挨拶のテーマでまとめようと試みましたが、せっかくの機会なので世界と日本の二回にわけました。そこで今月は日本の挨拶、**『あいさつの方言大研究』**（面谷哲郎／文、高村忠範／絵、佐藤亮一／監修、ポプラ社、一九九七年）を参考に「お国ことば（方言）」です。

「おはようがんす」「おきたかやー」「はやいのー」「おはようさん」これらは「おはよう」の方言です。同じ挨拶なのにこんなに違うことに驚きますが、目覚めの確認だったり、挨拶に「さん」をつけるなど、お国ことばはなんとなく親しみのある響きが感じられます。人との出会い、社会生活では挨拶は欠かせません。その土地、地域で使われてきた言葉を改めて大切にしたいと思いました。

読んだ絵本は、作者が祖母から聞いた「果てなし話」を津軽弁で再話した**『なんげえ　はなしっこ　しかへがな』**（北彰介／文、太田大八／絵、銀河社、一九七九年）と高知弁の**『にちよういち』**（西村繁男、童心社、一

九七九年）です。高知城に続く並木道で開かれる日曜市のようすが描かれています。

語りは、関西弁で語る「こそだてゆうれい」（**『日本昔話百選』**稲田浩二・稲田和子／編著、丸木位里・丸木俊／絵、三省堂、一九七一年）です。いつも怖い話が聞きたいと言っている子ども達がしーんとなりました。

最後は岡山弁のクイズです。八つの特徴のある岡山弁「てご」「やっちもねー」「おえん」「もげる」「きょーてー」「みてる」「ぼっけぇ」「ちばける」をホワイトボードに書いて、子ども達に言葉の意味がわかるか、使うことがあるかを尋ねました。八つのうち二〜三語がわかり、その一つはテレビのコマーシャルで繰り返し流されている言葉でした。子ども達が生活で使う言葉と私達の世代の使う言葉の違いは大きく、メディアの力が多分に影響していることに、少なからずショックを受けました。

例えば「ぼっけぇ」＝「すごい！」は、岡山弁の代表的な言葉です。日常的にはあまり使われませんが子どもはよく知っています。また、「もげる」＝「強烈な臭いで鼻がまがる」や「音程がはずれる」意味です。「鼻がもげる」という臭さについてはわかりましたが、音程がはずれるはわかりませんでした。

## ふしぎな絵

今月は趣を変えて、ふしぎな絵がテーマです。

「いろんなひとが　いろんなまるを　かきました」で始まる**『まるを**

**さがして**』（大月ヒロ子／構成・文、福音館書店、二〇〇四年）は、著名な画家たちが描いた様々な丸を集めています。ストーリーテリングは、「あなのはなし」（『**おはなしのろうそく4**』東京子ども図書館、二〇〇二年）。もう一冊は、一場面ごとに読んでひっくり返すと違う絵に見えてくる不思議な絵本『**まさかさかさま**』（伊藤文人／さかさ絵・文、新風舎、二〇〇〇年）です。シリーズで何冊も出版され、絵も言葉も面白く、小学校低学年に人気があります。見ていた子ども達は「ほんとうに見える」「よう、わからん」と目を凝らしながら、にぎやかに参加してくれます。野菜や魚を使って顔を表現したアンチンボルト、人の体で顔を描いた浮世絵師の邦芳など珍しい顔がいっぱいの『**顔の美術館**』（タイガー立石／文・絵、福音館書店、一九九四年、現在、品切）も紹介しました。

数字

夏休み明けの今月のテーマは数字です。

最初にストーリーテリング『**世界でいちばんやかましい音**』（ベンジャミン・エルキン／作、太田大八／絵、松岡享子／訳、こぐま社、一九九九年）です。世界で一番やかましいガヤガヤ国の王子様の誕生日を世界中の人がワァーッと叫んでお祝いすることになりました。

一人の奥さんが「わたし、世界でいちばんやかましい音というのを、聞いてみたい気がするの」と言います。だんなさんは「どうだろう、そのとき、口だけあけて、声をださないでいたら？　そうすれば、ほかのれんちゅうの出す声が、いったいどんなものか　きけるわけだ」と言いました。このすばらしい考えを奥さんは近所の奥さんたちに、だんなさんは職場の同僚にしゃべり…、さて、王子様のお誕生日はどうなったのでしょうか。

絵本はインドの算数の昔話『**一つぶのおこめ**』（デミ、さくまゆみこ／訳、光村教育図書、二〇〇九年）です。

けちな王様は飢饉で苦しんでいる人々に何も分け与えようとしません。ある日、お米を運んでいたゾウの籠から、お米がこぼれました。それを届けたラーニに王様は褒美を与えたいと言います。ラーニは、「きょうは、おこめを　一つぶだけ　くださいませ。そして、三十にちのあいだ、それぞれ　まえの　ひの　ばいの　かずだけ　おこめを　いただけませんか？　あしたは　おこめを　二つぶ、あさっては、おこめを　四つぶ、というように」と言いました。

九日目には二五六つぶ、二〇日になると米袋を一六袋、三〇日目に四つの米蔵のお米を二五六頭のゾウが運びました。

日を追うごとにお米の数が増えていくのが予測できます。お米の数も増えますが、頁いっぱいのお米を運ぶ動物達の数が見もので、後半になると子ども達は身を乗り出して、絵本に見入りました。

文庫のメンバーから、おはなし会の準備のために『一つぶのおこめ』を家で読んでいると、それを聞いていた小学二年生の長男が「かけざんがわかった気がする」と言ったという嬉しい報告がありました。

戦争を語り継ぐ

今回は、文庫の活動とは別に私が手伝っている「プーさん図書館」の行事を紹介します。「プーさん図書館」は公立の小学校内にある私設の子ども図書館です。毎週水曜日の午後開館しています。小学校からプーさん図書館に「戦争を語り継ぐ」というテーマで、夏の図書館行事を依

頼されました。

岡山空襲の写真パネルと岡山市退職女性教職員の会作成の紙芝居を書架の上に展示し、地元で暮らす三人の七〇代後半のメンバーが、岡山空襲と北朝鮮からの引揚げについて、話すことにしました。

岡山市の中心部で暮らしていたUさんは、遠くから飛んでくる飛行機の音を聞いて、お母さんと一緒に家のないところに逃げて助かりました。その後、自分の家を見に行きました。防空壕に入れていた食料は真っ黒にこげ、食器は熱で曲がっているのを見て、もし自分たちが防空壕に避難していたら、生きてはいなかっただろうと恐ろしくなったと語られました。

Sさんは一九三三年生まれです。小学校の二年生になったとき、学校名が吉備国民学校に変わりました。通学の服もスカートからモンペになり、防空頭巾をかぶって通学するようになりました。

警戒警報や空襲警報はサイレンで知らされます。その頃は汽車も汽笛で警報を知らせてくれました。「ぽっぽー、ぽっぽー」は警戒警報、空襲警報は「ぽっぽっぽー、ぽっぽっぽー、ぽっぽっぽー、ぽっぽっぽー」と煙を吐きながら、汽笛が鳴ります。岡山空襲のあった翌日は雨でした。六年生になっていたSさんは国道まで焼け出された人を迎えに行き、小学校まで誘導しました。

絵本も二冊読みました。疎開の体験を伝える**『お母ちゃん　お母ちゃーん　むかえにきて』**（一三頁）と原爆の話**『まちんと』**（松谷みよ子／文、司修／絵、偕成社、一九七八年）です。前の方に座っている女の子が泣いています。「最後がようわからん」という声も聞こえてきました。

次は、Tさんのお話です。北朝鮮で終戦を迎えたTさんは突然、父親の仕事がなくなって官舎に住めなくなり、収容所に入れられました。ひもじくて大豆の搾りかすばかりを食べました。お腹がすくので食べるけれど、お腹が痛くなり下痢が続きました。着るものもなく同じ服のままなので、シラミがわいて、体中がかゆくて眠れなかったそうです。その頃、Tさんが読んでいた本は『魔法の杖』。自分も魔法の杖を使って、さっと日本へ帰りたかったと話されました。

三人の体験を聞いた後、進行係のKさんが、平和を願う本**『むらさき花だいこん』**（大門高子／作、松永禎郎／絵、新日本出版社、一九九九年）を読みました。「むらさき花だいこん」の花はピースフラワーと呼ばれています。最後に、「いま世界は平和ですか？」と問いかけ、**『せかいいちうつくしいぼくの村』**（小林豊、ポプラ社、一九九五年）も紹介しました。

参加した小学生、保護者、小学校の先生を合わせて五〇人、小学生には毎日の生活とあまりにかけ離れているので少し難しい内容ですが、体験者の言葉は子ども達の心にしっかり届いたと実感しています。

お土産に渡した「むらさき花だいこん」の種は、メンバーの友人から送られてきたものです。来年の春、それぞれの子ども達の家で紫色の花を咲かせることでしょう。

文庫で関わる子ども達は、赤ちゃんから小学生までです。赤ちゃんとお母さんには、絵本をコミュニケーションのツールとして上手に使って欲しいと伝えます。園児達には絵本は楽しくて面白いと感じてもらって、読みたくなるきっかけになるよう心がけています。

放課後子ども教室「おおもとふれあいタイム」への出前は、代表の河上さんから、子ども達と読書の機会を持ちたいとの強い思いを聞いて、実現しました。

小学校の六年間は心身の成長の幅が大きく、低学年は読み聞かせやお話を素直に聞き、楽しみたいという姿勢が見られますが、中、高学年は思春期前で、保護者や先生から離れて自分の読書を始める時期に入ります。この頃の子ども達は恥ずかしがったり、ちょっとはすに構えたり、気持ちが素直に出せないこともあり、読み手は聞き手とじっくり信頼関係を築いていく必要があります。本来、子ども達は好奇心いっぱいで、お話や本も大好きです。「へえ」「ふう〜ん」の声が聞こえたら、どんどん心を開いて、親しくなり「部屋をまっくらにして」「ろうそくに火をつけたい」と積極的におはなし会に参加してくれるようになります。

おはなし会は月に一回、約四五分です。子ども達の興味のあるもの、学校での学習や行事に関係するものなどをテーマに考えます。四五分間で完結するようにプログラムを組み立て、簡単な工作や実験は全員が満足して終わるように工夫しています。例えば「飛ぶ」のテーマで紙飛行機を作ったときは、メンバーで何度も折って、飛ばしてみました。折りなおしている時間がとれないため、どの型のものが子ども達でも上手に飛ばせるかを繰り返し試みました。

文庫のメンバーは科学に強い人、語りが上手な人、絵本をよく知っている人、工作が好きな人など得意分野を持っていて、それぞれが力を出し合って、一回一回を作り上げていきます。小学校中・高学年の子ども達は理解がはやく、どんどん成長して私達読み手を鍛えてくれます。私達はこの時間を通して、子ども達がたくさんの本に出会って欲しいと思っています。

岡山にも文庫活動をしているグループはたくさんありますが、中・高学年の子ども達と定期的におはなし会で関わっているグループはほとんどなく、このような機会を与えてくださった「おおもとふれあいタイム」の皆さんに感謝しています。

二〇一一年度から、学習指導要領の内容も変わり、小学生は一層忙しくなりました。月に一度のおはなし会を子ども達が十分楽しみ、次回に期待してもらえるよう努力し、また、将来の読書仲間になれることを願っています。

＊協力　放課後子ども教室「おおもとふれあいタイム」
子ども図書館　私設「プーさん図書館」
岡山市立吉備小学校　学校図書館

（伊丹弥生）

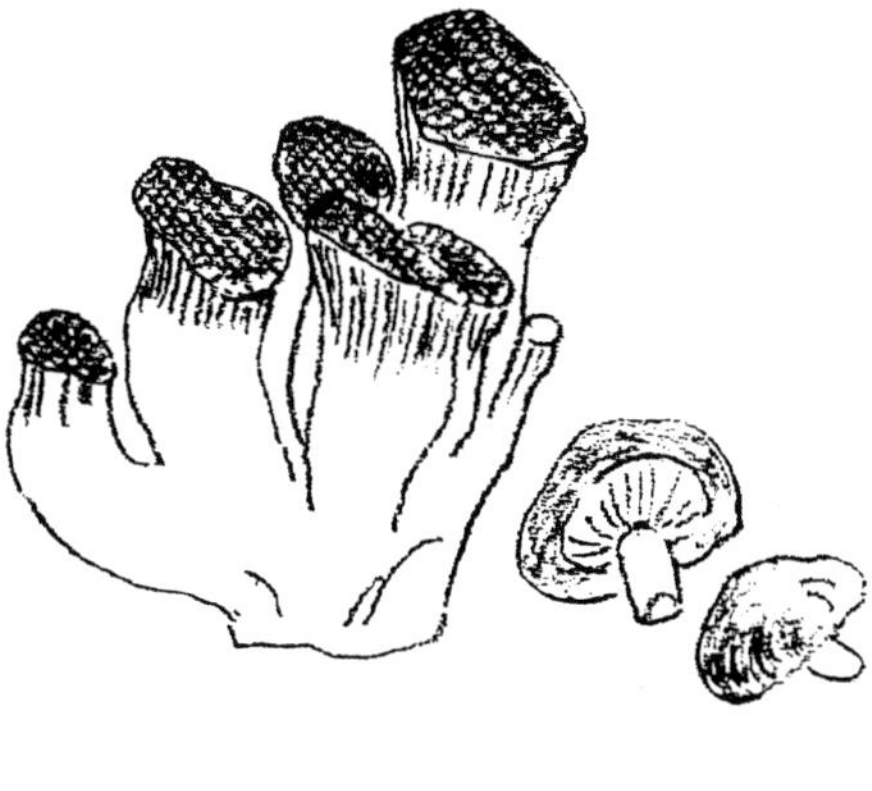

## (5)「三鷹市星と森と絵本の家」のなりたち
### ——みんなで育む大切なもの

国立天文台の中の一九一五年に建てられた官舎を利用して、「三鷹市星と森と絵本の家」がオープンしたのは、ガリレオが手製の望遠鏡を使って初めて月を観察して四〇〇年目を記念した「世界天文年」の二〇〇九年七夕の日でした。鬱蒼とした一〇万坪近い天文台の緑の中にひっそり佇む古い日本家屋は、まさに「星」と「森」の中の「絵本の家」です。

### それは市長の「絵本館構想」から始まった

現在三期目を務める清原慶子三鷹市長は、二〇〇三年に「絵本館の設置」をマニフェストの一つに掲げて初当選しました。大学のメディア学部長という経歴から、ＩＣＴ（Information and Communication Technology）化が進むほど、子ども時代にこそ直接的な人とのコミュニケーションや、人とのふれあいの中で安心できる快い時間を持つことが大事になると考え、「絵本」と「コミュニケーション」を軸にした施策を掲げたのです。

展示室

「絵本館」構想の根底にあるのは、子どもを取り巻く環境や子育ての現状に対する問題意識です。現代の子ども・子育て環境は、物質的な豊かさとはうらはらに、たいへん厳しいものになっています。子育て不安、虐待、いじめ、不登校、拒食症、自傷、家庭内暴力、引きこもりといった痛ましい状況もあります。三鷹市ではこうした「マイナス」をなくしていくための施策を早くから講じてきましたが、これらに加えて、積極的に子ども・子育てを支援する「プラス」の施策として「絵本館」整備の構想が掲げられました。

消費社会のターゲットとされ、刺激に満ちた日常生活を送る現在の子ども達に、絵本の力によって心をやわらかくして、夢や驚異の念、物語と空想、美と創造などの世界へと導く扉を用意したいという願いが「絵本館」構想のもとになっています。デジタルな情報に取り囲まれた中で、絵本というアナログのメディアは、人と人とのふれあいや豊かな体験へと導く大切なきっかけになるはずです。「絵本館」は、「ＩＴ先進都市」と言われる三鷹であるからこそ大切にしたい、子ども達の環境に向けたメッセージでもあったのです。

三鷹市は、「路傍の石」「米・百俵」などの小説や戯曲で知られる作家山本有三（一八八七〜一九七四年）が、一九四二年に自宅を「ミタカ少国民文庫」として開放したことでも知られています。一九五三年に神奈川県湯河原に移り住んだ有三は、児童の育成のためにと、三鷹の家と土地を一九五六年に東京都に寄付、一九五八年に都立「有三青少年文庫」が開設され、児童図書館及び教育相談などが行われるなど、図書館活動、文庫活動も盛んな文化的土壌があります。学校図書館の整備と司書の配置も一九九五年から行われました。

そうした、親子読書活動の熱心な担い手や、市内に住む絵本作家などへの聞き取りや市民アンケートを踏まえて、市は二〇〇五年に「絵本館（仮称）整備に関する基本方針（案）」をまとめ、パブリックコメントを実施しました。その結果寄せられた多くの意見は「絵本」の力と子どもとの関わりの大切さに共感し、絵本をテーマに施策を展開するという着

眼に賛同する点では共通していましたが、一方で、「ハコモノ」への批判的な意見や、図書館の児童部門のさらなる充実を求める声もありました。何より期待する「絵本館」のイメージが「絵本美術館」「子ども図書館」「子どもミュージアム」など実に多様であることもわかりました。

そこで、改めて絵本を通じて行う事業の意味や可能性を深め、構想をより豊かにするため「絵本館構想検討会議」を設け、専門家と市民と職員が検討した内容をホームページで即時公開し市民の声を求めるという方法で具体的なイメージを共有していきました。

## 市民が思い描く「絵本のある三鷹」――みんなで育む大切なもの

絵本館構想検討会議は、市内在住・在勤の方を中心に、学識専門委員として縣秀彦国立天文台天文情報センター普及室長、生田美秋世田谷文学館学芸部長、武田信子武蔵大学人文学部教授、広松由希子元・ちひろ美術館学芸部長、舟崎克彦白百合女子大学助教授（絵本・児童文学作家）を迎え、市民専門委員として大原盛子三鷹市文庫連絡会代表、高橋由紀子学校図書館を考える全国連絡会代表、ドーソン静香東京大学教育学部付属中等教育学校英語教員、四柳千夏子三鷹市立小学校地域子どもクラブ代表が、また公募市民から抽選で選ばれたいづみかほるプロデューサー（子ども劇作家・演出家）、金子紀子都立中央図書館司書、富岡史棋グラフィックデザイナーの三名、図書館、子育て支援、設計を担う公共施設課の職員ら一五名も加わって多彩な専門分野からの検討となりました（肩書きはすべて当時）。

読書室

検討会議は、二〇〇五年七月から二〇〇六年一月までの七カ月に一〇回開催され、地域調査、グループセッション、情報共有、まとめ、を繰り返しながら、「図書館以外に絵本館を設置する意義とは何か」「絵本館の目的は何か」「どういう空間を持つのがふさわしいのか」「事業内容は」などを言語化していきました。

子ども達のコミュニケーション不足、経験不足による想像力の枯渇などの現状に対し、乳幼児期には、いっしょに読むことを楽しみ、ふれあいの中で安心感をしっかりと味わい、やり取りの中で言葉を引き出すように、「親が気づく」働きかけをすること、一人読みの時期には「子どもに本を読め、読めとプレッシャーをかけない」こと、また、言葉は、現実での豊かな経験に基づいた感情を伴い、現実の体験との往復で言語イメージがふくらむことを理解し、子どもが主体的に本と出会えること、その本の世界を遊ぶ条件を整えること、体験の不足している現代の子どもや大人に、自然や科学や人の営みなど現実の世界に絵本のイメージをつなげて広げていくこと、何より「絵本は面白い」ことなどが繰り返し語られました。

たくさんの議論の中から、検討会議では、三鷹市の絵本館構想がもっとも重視すべきものとして、「子ども」「絵本」「三鷹」という三つのキーワードが出されました。この三つのキーワードは、この構想が、未来を担う子ども達が親や地域の大人達とのぬくもりのあるふれあいの中で多様な絵本と出会うことにより、心の土台をつくり、生き生きと豊かに成長することを願うものであること、さらに、絵本との出会いをきっかけとして、三鷹市内にさまざまな活動や資源をつなぐ新たなネット

ワークが広がり、子どもや子育ての支援はもとより、人々の交流と創造の場がつくりだされることを目指すものであることを意味しています。

二〇〇六年二月に出された提言「みたか・子どもと絵本プロジェクト——みんなで育む大切なもの」は、「絵本館」を建物ではなくプロジェクトととらえ、市内全域で子どもを育む視点を広げていく中で、拠点施設には魅力ある場と、あわせて市内全域をマネジメントする機能を求めたのです。「子どもと絵本プロジェクト」の拠点は、絵本との出会いの場であり、多様な絵本が豊かにあり、子ども達がいつでも安心していられる場所となること、絵本をめくることで語りかけてくる個人的な喜びを大切にするところという「特別な居心地のいい空間」であることが強調されています。

### 国立天文台からの建物提供と特徴のある「場づくり」

一八八八年発足した東京天文台（現・国立天文台）は、現在の東京タワーの近く麻布区（現・港区）飯倉の地にありましたが、その地は狭隘で、また都心であったため都市の明かりのため観測がしづらく、観測条件のよい北多摩郡三鷹村（当時）に移転することとなりました。一〇万坪近い土地を明治末期に購入し、一九一五年には高等官官舎として一号官舎が建設されました。建坪五五坪以上（一八四平方メートル）で、書生部屋、女中部屋、書斎、客間などがあり、大正時代の高等官の暮らしぶりが想像される立派な建物でした。二〇〇四年、老朽化のため四三号まであった官舎は悉く取り壊されましたが、一号官舎のみは文化財としての価値があるとして取り壊されず残されていました。

国立天文台は、市内の教育現場での天文学の教育普及活動をはじめ、三鷹ネットワーク大学への参画や、地域再生計画（科学技術と科学文化が融合したまちづくり・ひとづくり）の推進など、三鷹市と連携協働して事業を進めています。これらの連携を土台に、市と国立天文台が天文台敷地の地域開放を検討する中で、一号官舎の保存・活用方策として、比較的低年齢の子ども達の「科学への関心の基礎となるもの」に働きかける活動を行う施設とすることが、この建物を最も活かすことになるとの結論を得ました。

中　庭

一号官舎は、「三鷹市星と森と絵本の家」（以下、絵本の家）として活用していくことが決められ、プロジェクトのキーワード「子ども」「絵本」「三鷹」に、「科学」を加えた特色ある活動を行うことになりました。

絵本の家は、絵本との出会いや、立地を活かした豊かな体験を通して、広い世代の人々の星（宇宙）と森（自然）への関心を高め、ふれあいの中で子ども達の知的好奇心や感受性を育む場とし、多様な分野の市民による創造的な交流を通して、子ども達を豊かに育む地域文化の形成に寄与することを目的としています。また、「不思議さに目をみはる感性（センス・オブ・ワンダー）」を育むことが、子ども達の将来の科学への興味を支える土台となると考え、「知る」とともに「感じる」ことを大切に、絵本をゆっくり楽しむこと、子どもの心の動きに合わせた探究や自発的な活動、聴くこと、語ること、ものに直接触れること、ものをつくることを重視し、子ども自身の感じ方や発見を重視した事業を行うこととなりました。

市の直営で運営し、国立天文台や関係団体、ボランティア等が企画立案に参画し、市と連携協力して事業を実施することになり、二〇〇八年

五月に、大学共同利用機関法人自然科学研究機構と市の間で一号官舎の譲与と土地の無償貸与の契約が締結され、同年七月にこの建物を広く一般市民の利用に供する施設として再築する建設工事に着工しました。外観および「主玄関」「書斎」「客間」「次の間」の内装を、一九一五年の建設当時の姿に復元するとともに、現在の建築基準法に適合した耐震化を行い、三鷹市登録文化財登録を行いました。

二〇〇八年三月には、公募市民七〇人による活動プランづくりワークショップを行い、国立天文台構内の見学や整備プランの説明などをふまえて、大事な研究施設を守りながら、幅広い世代が楽しめる場所にする活動アイデアなどを出し合い、これらを、市と国立天文台との話し合いの中で整理した後、「星」「森」「絵本」「家」の分野別に、具体的な事業への参加を募りました。

絵本プロジェクトでは、図書館ではない独自性を魅力とするため、絵本や図鑑の収集範囲や全体構成、分類、配架や展示の方法などを検討し、実践女子大学教授（図書館学）で科学読み物研究会の塚原博さんを迎えて分類や選定基準について、保育と絵本の専門家である中村柾子さんを迎えて子ども達の暮らしの体験からどのように興味を広げていけるかを考えました。その結果、「絵本の家オリジナル分類」を定め、「星」「森」「ひと・暮らし」を中心に、約二五〇〇冊の絵本を選びました。

星プロジェクト、森プロジェクト、家プロジェクトは、月の満ち欠けをもとに行われてきた伝統的な季節行事や、ものづくりを通した自然体験の運営を、絵本と関連づけながら行うこととなりました。

### 「絵本の家」のいま

施設をバリアフリー化するため、入り口部分こそ近代的な建物になっていますが、奥に控えている、施設のメインとなる一号官舎部分は、書斎、畳敷きの客間、居間、長い廊下、縁側が続き、まるで大正・昭和の時代にタイムスリップしたような感覚です。調度も、実際に一九五五年以前に使われていたもので、柱には古い電話機がかけられ、足踏み式のミシン、火鉢などがそこここに置かれています。絵本の家では、ふつうの博物館のように、展示物を眺めるだけでなく、昔の道具を見て、触って体験できます。現代の子ども達は、絵本に出てくる古い遊びや、生活道具のことを知りません。テレビのなかった時代には、家庭での過ごし方はこんな風だったのだろう、という風景を再現し、好奇心に駆られて子ども達が引き出しを開けたときにそのまま遊んでもらえるように、おはじき、お手玉、あやとり紐などには教本も一緒に潜ませてあります。

メインとなる読書室は、北側にあった書生部屋、女中部屋と内玄関をつなげ、広さを確保しながら、本棚を置きました。板張りが気持ちよい部屋に、二〇〇〇冊におよぶ絵本などが並びます。本棚は「星」「地球」「森」「植物」「動物」「人・くらし」の六つのカテゴリーに分け、色で分類し、本の種類は、オリジナル分類で示してあります。「A」はいわゆる赤ちゃん絵本、「B」は詩・言葉に関する本、「C」は図鑑、「D」は解説書、「E」は伝記やオリジナルなお話の絵本です。分類は本の見開きに丸いシールで貼って示してあり、これを「本の本籍」と呼んでいます。

おやじのよみきかせ

さらに、棚のそれぞれのボックスをブックトークで選書したもののようにしたい、と絵本プロジェクトが考案したとおり、「水」「川」「穴」「どろんこ」「大地」…のようにテーマがあり、一つのテーマには創作も図鑑も科学の本も並んでいます。テーマによる分類は四角いシールで貼って示してあり、「本の住民票」と呼んでいます。本の住所は、テーマや季節によって時々入れ替わり、この本がこのテーマに置かれているのはどうしてだろう、という意外性で手にとってもらうこともあります。

本は貸し出していませんが、家の中なら自由なところで読むことができます。読書室の椅子は脚を少し切って膝上に子どもを乗せやすいようになっていますし、和室の卓袱台や理科室のカウンター、日向ぼっこしながら縁側で、などお好きなスタイルでどうぞというわけです。

庭に面した南側の部屋は、屋根の梁を露出させた吹き抜けの展示室で、「見る・知る・感じる絵本展」を開催しています。絵本館検討会議のメンバーであった国立天文台の縣さんや、絵本研究家の広松さんの協力で、絵本を通じて天文学と出会う体験型展示を提供しています。

お父さん達による街頭紙芝居

初年度は一歳から一〇〇歳までみんなが知っている「月」。展示の中心は、月の絵本ですが、廊下につるされた大小の球体で地球と月の大きさと距離を縮小したものや、ハンドルを回すと、世界各地で見られる月面がわかる模型など「月」を体験できる仕掛けとともに、それを解説した本をさりげなく置いて、子ども達の好奇心を絵本につなげ、また天文的な興味につなぐ工夫をしました。さらに、月の絵本に対するそれぞれの思いを、来館者が自由に書いて貼り付けられるメッセージボードも置き、展示を見るだけでなく、来館者も展示に参加するようになっています。テーマは一年ごとに変わり、「地球」「太陽」と続いています。

豊かな自然を残す天文台の森に囲まれた家の中庭では、この庭で伐採された木材を使ったクラフトコーナーや、いわゆる園芸植物ではなく、天文台の中に生えていた草花を集めた「草壇」があり、ふつうは雑草として抜かれてしまう植物を大切に育てています。来館した親子に五感全部を使って「知る」ことを楽しんでもらい、子どもが熱中したもの、子どもが見つけたものをきっかけに親子の会話が弾むようにと、知的好奇心を掻き立てる工夫が、一回では体験しきれないほどたくさん用意してあり、何度も訪れたくなる場所となっています。これらを支えるのは、「絵本の家フレンズ」というボランティア組織で、大人だけではなく小学五年生以上の「ジュニアスタッフ」も運営に参加しています。

絵本の世界と、豊かな自然の二つの入り口に恵まれた絵本の家では、自発的で主体的な活動の喜びを知っている大人が（ボランティアも、来館者も）、楽しみながら子ども達の創造力や、想像力を育んでいくのだと気づかされます。さまざまな試みは、これからも子ども達とのやり取りを経て変化していくと思いますが、何よりゆっくり過ごす時間を大切に、関心のある絵本を読み、ハーモニーを広げていく「絵本の家らしい」人と人との関わりは、変わることなく紡いでいきたいと思っています。そして、絵本の家での穏やかで豊かな親子のやり取りが地域に広がっていくよう努めていきたいと考えています。

■「三鷹市星と森と絵本の家」
【所在地】東京都三鷹市大沢二—二一—三（国立天文台三鷹キャンパス内）
電話　〇四二二—三九—三四〇一
【開館時間】午前一〇時～午後五時
【休館日】火曜日、年末年始（他にメンテナンス休館あり）
【入館料】無料

（築地　律）

# おわりに

本書の編集作業の最中に、『多文化に出会うブックガイド』（世界とつながる子どもの本棚プロジェクト／編、読書工房、二〇一一年）が出版されました。多岐にわたる内容ながら読者にわかりやすい本の分類や解説、六五五冊もの膨大な本の紹介に驚きました。そして、私達も同じような企画を持ち、『多文化絵本を楽しむ』を出版しようとしていることに勇気づけられました。

私達は、「多文化絵本」を楽しむための絵本を選びその紹介と解説をする作業を始めました。最初のうちはスムーズに進行しましたが、テーマの中には該当する絵本が五冊しか見つからず、残る一冊の選書に何カ月もついやすこともありました。「多文化絵本」に関わる絵本研究会の実践活動や本書の編集作業を通して多くのことを学び、絵本に関わるさまざまな人々との出会い、絵本の読み聞かせでの子ども達との感動や共感、純真な子どもの命の躍動などに出会えたことは大きな喜びであり、宝ものとなりました。改めて絵本は素晴らしいと思い、何と奥深く面白いものであるかと思いしらされました。

絵本は、子どもはもちろん大人も年齢を問わずに誰でも楽しむことができるメディアです。しかし、かつて幼稚園に勤務していた知人に、「絵本の本を出版する」と言うと、「私はもう絵本を卒業したのよ」と言われ、一瞬呆気にとられたことがあります。世の中にはいろいろな考え方の人があり、絵本は「子どものためのもの」と理解している人もいます。一方では、この一〇年ほどの間に、「絵本は子どもも大人も楽しむもの」と考える人が増えてきたことも事実です。

先日、テレビを見ていると、「大人の絵本の店」という喫茶店の特集があり、絵本を見るためにその店を訪れる人々のことが紹介されていました。その番組で、「絵本は、食事に譬えるとスープのようなもので、スープは人が健康な時には大層美味しい、そして身体の具合がよくない時にもスープなら口にすることができる」と言っていました。それを聞いて、何とうまい表現だろうと感心しました。本当にそうなのです。子どもも大人も、ちょっと悲しい時、さびしい時、つらいことがある時に絵本を見ると気持ちが癒され、心が安定してき

ます。また、楽しい時、嬉しい時には、絵本により一層幸せな気分に包まれることでしょう。

本書で紹介している「多文化絵本」は、ほとんど地域の図書館にあります。図書館の貸し出し期間は、二週間ですが延長手続きをすれば四週間も同じ絵本を楽しむことができます。絵本は大人が子どもに読んであげるものであり、年齢を問わずに誰でも楽しむことができるのです。この絵本の素晴らしい世界を、周りの人々と共有したいと思います。

最後に、ミネルヴァ書房の音田潔氏に大層お世話になりましたことを感謝申し上げます。

二〇一二年一〇月

編者　福岡貞子
伊丹弥生
伊東正子
池川正也

# 絵本名索引

**錦見 信子**　（にしきみ のぶこ）名古屋市，児童文学波の会会員（1982年～），元・和歌山市教育委員会特別非常勤講師（1999～2007年）として，小・中学校でおはなし会活動。現在学校や保育園，図書館などで読み聞かせ，ストーリーテリング，ブックトークや体験を取り入れた読み聞かせをして，子ども達と本の世界を楽しんでいる。／**4章－(1) 執筆**

**福岡 貞子**　（ふくおか さだこ）元・四條畷学園短期大学教授，現在，保育と絵本研究会主宰。見て癒されるのは『笑顔大好き地球の子』，声に出して楽しいのは，しりとりあそび絵本や歌あそび絵本，『かさぶたってどんなぶた』。／**はじめに，1章－(3)(5)(6)(9)(10)(15)(18)(21)(23)(24)，3章－(1)(2)(5)(7)，おわりに 執筆：編者**

**正置 友子**　（まさき ともこ）1940年名古屋生まれ。イギリス国立ローハンプトン大学大学院文学部博士課程修了。文学博士（Ph.D）。現在，絵本学研究所主宰。元・聖和大学大学院教授。専門は絵本学，青山台文庫主宰。主著 *A History of Victorian Popular Picture Books*（英文，風間書房，2006）。／**2章－(4) 執筆**

**マトゥルーティ まゆら**　（まとぅるーてぃ まゆら）イギリスのダーラム大学を卒業後，東京大学大学院にて文化人類学を専攻し，博士課程を単位取得退学。現在は東京都内の翻訳会社勤務。夫はチュニジア人で長男は執筆時４歳。／**2章－(2) 執筆**

**村崎 千津子**　（むらさき ちづこ）富山市立保育所勤務。『保育者と学生・親のための 乳児の絵本・保育課題絵本ガイド』（福岡貞子・礒沢淳子共編著，ミネルヴァ書房，2009）分担執筆。自然物，絵本，音に興味があり保育に取り入れて子ども達と楽しんでいる。好きな本は『だいすきなもの――ネパール・チャウコット村のこどもたち』，『アフリカの大きな木バオバブ』。趣味は花を生けること。／**3章－(3)(5) 執筆**

**坪 香織**　（つぼ かおり）４カ月の息子をベビーカーに乗せて文庫を訪れて以来，絵本の魅力に取りつかれ，スタッフになる。子ども達と絵本を読んだり，手遊びをする時間を楽しんでいる。趣味はパン作り，やんちゃ盛りの息子の子育てに奮闘中。／**1，2，3，4章の中扉，26，33，37，50，72，76，80，107，113頁のカット＆描画**

**執筆者紹介**（五十音順／執筆分担）

芦田 美津穂　（あしだ　みずほ）相模原市，８年余の外国暮らしを経験。高校生，大学生の男の子３人の子育てに奮闘中。プリザーブドフラワー，和菓子作りなどを楽しんでいる。好きな絵本は『はらぺこあおむし』，『にじいろのさかな』。／**２章－⑶ 執筆**

池川 正也　（いけがわ まさや）兵庫県，伊丹ひまわり保育園副園長。『保育者と学生・親のための 乳児の絵本・保育課題絵本ガイド』（福岡貞子・礒沢淳子共編著，ミネルヴァ書房，2009）分担執筆。絵本の研究に関わって知らなかった世界が広がり，この感動体験を子ども達と共有できるように日々努力している。好きな絵本は『ぼちぼちいこか』，『絵本アフリカの人びと』など。／**はじめに，１章－⑻⒀，おわりに 執筆：編者**

伊丹 弥生　（いたみ やよい）就実大学非常勤講師，司書教諭課程で「読書と豊かな人間性」を担当。文庫「えぱみなんだす」（岡山市）。『あかちゃん絵本箱』（編集協力，吉備人出版，2001），『保育者と学生・親のための 乳児の絵本・保育課題絵本ガイド』（福岡貞子・礒沢淳子共編著，ミネルヴァ書房，2009）分担執筆。『すてきな絵本タイム』（編集協力，吉備人出版，2012），子ども達と絵本を楽しむのが大好き。夫と息子と３人暮らし＋カメ２匹。／**はじめに，１章－⑴⑵⑷⑾⒁⒃⒆⒇㉒，４章－⑷，おわりに 執筆：編者**

伊東 正子　（いとう まさこ）東京都港区桂坂保育室園長。面白くて好奇心が高まる園庭作りに奮闘中。蜜柑の葉に蝶がせっせと卵を産みつけ幼虫がまるまると太り，さなぎになって蝶となり羽ばたくところが繰り返し見られます。直接の体験から絵本「はらぺこあおむし」は乳児から幼児まで大人気です。好きな絵本は『きつねのホイティ』／**はじめに，１章－⑿⒄，おわりに 執筆：編者**

川口 桂子　（かわぐち けいこ）兵庫県尼崎市，おはなしグループ「ペガサス」代表，図書館や小学校を中心にストーリーテラーとして20年間活動を続ける。2006年「尼崎こどもと本をつなぐ会」を結成。尼崎市の読書ボランティア組織「としょかんおはなしボランティア連絡会」会長。最近，朗読の勉強を始め文学作品をいかに読み伝えるかに興味を持っている。好きな絵本は『もすけ』，『おかのうえのギリス』。／**１章－⑺，４章－⑵ 執筆**

川越 恵美子　（かわごし えみこ）大阪府，豊中みどり幼稚園副園長。『保育者と学生・親のための 乳児の絵本・保育課題絵本ガイド』（福岡貞子・礒沢淳子共編著，ミネルヴァ書房，2009）分担執筆。女の子２人，男の子１人の母親として子育てに奮闘中。好きな絵本は『ちいさなおうち』。／**３章－⑷ 事例１，３執筆**

九二 香里　（くに かおり）大阪市，六反南保育園保育士。一昨年７月に女児出産，初めての子育てに戸惑いながら，日に日に大きくなる娘の成長を楽しみにしている。好きな絵本は『おつきさまこんばんは』，『とりかえっこ』。**３章－⑷ 事例２，４，５執筆**

児玉 晶代　（こだま まさよ）奈良市，大阪樟蔭女子大学非常勤講師。現在，子育て支援センターと保育園・幼稚園で絵本の読み聞かせのボランティアをしている。子どもの笑顔と輝く瞳は神様からの贈り物。好きな絵本は『花さき山』，『アンデスの少女ミア』，『WHAT COLOR?』。／**４章－⑶ 執筆**

佐々木 宏子　（ささき ひろこ）鳴門教育大学名誉教授，NPO ブックスタート理事，日本学術会議連携会員。主著『絵本の心理学』，『絵本は赤ちゃんから』（新曜社）など。絵本の心理学を構築。特に最近は，赤ちゃんの絵本を中心に研究している。／**２章－⑴ 執筆**

曽田 満子　（そた みつこ）元・大阪市 六反南保育園園長，現在，社会福祉法人大五京，学校法人大五洋で保育環境を中心に各園を巡回指導。『保育者と学生・親のための 乳児の絵本・保育課題絵本ガイド』（福岡貞子・礒沢淳子共編著，ミネルヴァ書房，2009）分担執筆。どの園に行っても絵本の読み聞かせをすると，子ども達とすぐに仲良くなれます。好きな絵本は，『だいじょうぶだいじょうぶ』，『ばあちゃんのなつやすみ』。／**３章－⑹ 執筆**

築地 律　（つきじ りつ）東京都，三鷹市星と森と絵本の家館長。お茶の水女子大学，武蔵野大学非常勤講師。『育つ・つながる子育て支援』チャイルド本社（共著）など。／**４章－⑸ 執筆**

多文化絵本を楽しむ

2014年３月20日　初版第１刷発行　〈検印省略〉

定価はカバーに
表示しています

編著者　福岡貞子
　　　　伊丹弥生
　　　　伊東正子
　　　　池川正也

発行者　杉田啓三

印刷者　中村知史

発行所　株式会社　ミネルヴァ書房

607-8494　京都市山科区日ノ岡堤谷町１
電話代表　075-581-5191
振替口座　01020-0-8076



中村印刷・清水製本

ISBN978-4-623-06315-4
Printed in Japan